El tarot intuitivo del siglo XXI

Georges Morin

EL TAROT INTUITIVO DEL SIGLO XXI

dve
PUBLISHING

© Editorial De Vecchi, S. A. 2018
© [2018] Confidential Concepts International Ltd., Ireland
Subsidiary company of Confidential Concepts Inc, USA
ISBN: 978-1-68325-828-5

Índice

DEFINICIÓN Y UTILIZACIÓN

LOS COMPONENTES

EJERCICIOS E INTERPRETACIONES

DEFINICIÓN
Y UTILIZACIÓN

Hacia el desarrollo
de la propia intuición

El tarot intuitivo, símbolo de la historia del tarot del siglo XXI

Los periodos más destacados de la historia del tarot se sitúan bajo los reinados de Enrique II, Enrique III y Enrique IV, así como en la época de Luis XIII y del regente Felipe de Orleans. Después de esta última época, la calidad del tarot disminuyó rápidamente a causa sobre todo de la emergencia del pensamiento cartesiano, del Siglo de las Luces y del galopante relativismo, factores que empezaron a marcar la desaparición de la intuición en favor de los símbolos automáticos suscitados por los arcanos del tarot. Al principio, no era más que un soporte práctico de las «experiencias» que disciplinaban imágenes intuitivas en fila. Sólo servía para llenar de imágenes lo que sugerían la vida y el destino. Con el paso del tiempo, aparecieron nuevas imágenes del tarot, los arcanos menores, que tenían como objetivo matizar materialmente lo que perdía la intuición. Después, el tarot consiguió suplantar radicalmente a la intuición, como si se tratara de un sirviente pragmático que supera al maestro irracional, y se convirtió de esta forma en un soporte a través de la lectura automática de sus arcanos. Desde las imágenes de Épinal de mademoiselle Lenormand, pasando por el tarot egipcio, celta, hindú, gitano, azteca o de Marsella, el tarot ha tomado la forma de 78 arcanos con un método «de selección» incluido. Es destacable que, aunque el pensamiento materialista ha sabido difundir y vender la cantidad (los 78 arcanos del tarot), no ha sabido vender nunca la calidad (la intuición). Puesto que el tarot fue relegado a sus propias imágenes, se volvió estéril e insulso, prácticamente compactado para convertirlo en programas, amaestrado a través de múltiples tiradas completamente mecánicas en manos de los que creían que el destino era «1, 2, 3, 4, 5 y giro el arcano».

Puesto que el siglo XXI tiene que ser espiritual (¿?), el tarot será en un principio y casi con toda seguridad intuitivo. Los verdaderos valores personales volverán rápidamente y con fuerza, en detrimento de los valores sociales. El desarrollo personal se hará necesario para nuestro propio equilibrio, ya que todos los iconos y tótems se disuelven progresivamente en la cruel y anticuada realidad del final de la era de Piscis. Sólo se podrá contar con uno mismo, con la propia confianza y con la de los demás, para mantener un equilibrio interior que tendrá por lo menos el mérito de desembarazar de la contaminación psíquica y el de garantizar la supervivencia psicológica. El tarot intuitivo es un ejemplo de aplicación de esta ecología mental necesaria para el vaivén del siglo; se trata de la forma más adecuada para encontrar las raíces humanas en esta nueva época: ir en busca de lo esencial, de lo inmaculado y de lo bello, y de ahí el interés en desarrollar el aporte de la intuición pura en nuestros actos corrientes, en nuestros reflejos, en nuestros comportamientos y en nuestros estados de espíritu. El tarot intuitivo es perfectamente coherente con lo que esta era tiende a hacernos comprender sin darnos nada más: un planeta Tierra y seres humanos. Por lo tanto, será necesario saber captar lo que de más rico tenemos en nosotros sin ayuda técnica, vencer esa vergüenza social que surge en nosotros cuando elementos interiores inmaculados tienen que aparecer: el amor, la intuición, la humildad, por ejemplo. Este método apela a lo más bello y verdadero de todos nosotros, a los gritos de cuando éramos pequeños, a los murmullos amnióticos, a los primeros alientos de la vida.

El nacimiento del tarot intuitivo

Este método particular de tarot nació hace mucho tiempo, mientras me afanaba por encontrar un medio pedagógico sencillo para que los neófitos pudieran introducirse enseguida en su práctica. Los demás métodos consisten en una especie de imposible: aprenderse los 78 arcanos del tarot uno por uno, lección por lección, curso tras curso, ejercicio por ejercicio, para después diluir el recuerdo a lo largo del proceso, tal como suele pasar con las matemáticas o la geografía aprendidas en la escuela. Hacía falta por ello un método más sencillo, de la misma forma que se aprende a ir en bicicleta pedaleando y no describiendo el método del pedaleo. Era necesario igualmente que el neófito se sintiera motivado y con confianza, algo no tan sencillo, si se tiene en cuenta la imagen generalmente desastrosa que se forma el público sobre los maestros del ocultismo: se trata de un mundo en el cual la persona que pretende estudiarlo se siente rechazada por la forma iniciática que lo caracteriza. Estos maestros y guías, que se considera que deberían dispensar el conocimiento, lo impulsan hacia su propia visión estrecha de la vida, una vida en la que el actor principal —y el héroe— no es aquel que escucha sino el que habla, con lo que propagan la idea de que la ciencia del tarot se adquiere a través de un brebaje esotérico-iniciático o basado en criterios que emanan directamente de los dioses griegos, de los elfos del bosque de Brocelianda, de los sacerdotes egipcios que han transmitido dones o de nuestro propio karma esclavista que será necesario dominar…

Así pues, la persona que quería aprender el tarot tenía que entrar en esta gran y simpática familia o rechazar definitivamente lo paranormal, a menos que escogiera iniciarse por sí solo. Esta última vía explica la existencia de esta obra: en efecto, usted va a familiarizarse con este arte sin ser intimidado por la comunidad ocultista, y sin sentirse perdido en sus motivaciones iniciales. Ha sido necesario inventar, por lo tanto, un método muy sencillo basado en el propio potencial intuitivo que puede proyectarse sin miedo hacia el mundo preventivo, un método que le enseña a hablar como un niño con las palabras de su biblioteca interior puesto que nada proviene de la invención de una técnica, todo proviene de nosotros…

Aprender convenientemente el tarot a través del aprendizaje gradual de los métodos de tiradas existentes se convierte en una hazaña para un principiante, y entrar directamente en el terreno del profesional experto no aporta muchos resultados: siempre se produce esa sensación de incomprensión, de estar perdido, de diluirse con el abandono o el desaliento al final de ese túnel psicológico. Es imposible crear un clima de confianza con el alumno que en las técnicas del profesor ve un mundo al cual no pertenecerá jamás debido a la dificultad que representa mover la puerta de plomo que da acceso a la intuición pura. ¿Qué se puede hacer? ¿Por dónde se debe empezar? ¿Qué lenguaje se tiene que inventar?

La actitud del principiante es paradójica: quiere ir deprisa y acceder rápidamente a resultados tangibles, necesita lentitud, reflexión y gestación y, al mismo tiempo, necesita embriagarse tomando altura.

Esta nueva aproximación ha sido larga, marcada por intentos decepcionantes, por replanteamientos frecuentes y estancamientos psicológicos… hasta que se ha comprendido que el inicio de cualquier cosa es dominar la intuición antes de inculcar una técnica. En efecto, en la historia del tarot, la iniciación se ha abordado siempre con la puesta en escena prioritaria de los 78 arcanos explicados uno por uno.

Esto significa en realidad un reflejo racional y material, las imágenes de los arcanos en detrimento del corazón abstracto, es decir, la intuición. Como si se tratara de la presentación de un deslumbrante vestido de boda que cubrirá graciosamente a una mujer de la que se saben pocas cosas... Así nació este método. Procede de la reflexión y funciona de modo polivalente activando de forma automática la explotación de un insospechado potencial formado por los siguientes elementos esenciales: la *intuición*, la *psicología*, el *conocimiento* y la *plenitud*.

Desde entonces, el acceso al arte del tarot se ha vuelto más sencillo. El principiante ya no siente la sensación de separación o de «gueto» oculto, percibe este tarot como una herramienta corriente que le sirve de plataforma mental para acceder a los tesoros escondidos de su psicología. Se ha convertido al final en algo claro y sencillo, lo que le permite desmitificar rápidamente el tarot y abordar más «civilmente» el ámbito de la predicción. Se muestra coherente porque está emancipado de un sentido esotérico pisoteado, desviado, contaminado y aproximativo. A través de este método conseguimos suprimir las barreras ocultas invisibles, las instrucciones pesadas, los estereotipos del mundo de la psicología y el mito de la adivinación instaurando simplemente un clima sano completamente despojado de hazañas místicas o de grandes fantasías: se tratará ahora de encontrar las palabras, los verbos y los matices de lo que se ha sentido tal como veremos más adelante en la práctica. Es un nuevo lenguaje o, por lo menos, un lenguaje abstracto que se había desactivado desde hacía lustros en beneficio de la imagen, de la apariencia de lo material, de lo que se puede tocar, es decir, de los arcanos en sí mismos.

¿Por qué funciona el tarot intuitivo?

El tarot intuitivo es rápidamente eficaz tal como comprobará enseguida usted mismo. Funciona puesto que se trata del camino más corto del alma a lo racional: por lo tanto, se desvela para materializar hechos a través de arcanos muy distintos, hechos, relaciones, sinergia y condiciones que son desconocidos antes de instalarse ante usted. ¿Se trata de magia? No, pero si todo lo que proviene del alma es mágico, sí. «Así pues, si hemos entendido bien, ¿la inspiración y la concentración que se desprenden del mecanismo de la elección al azar de los arcanos nos proporcionan la respuesta a una pregunta que será necesario interpretar como si fuera el destino del sujeto de esta pregunta?», preguntaría un científico muy cartesiano. ¡No! ¡Sería demasiado fácil! La cultura de este tarot es elevarse hasta la central intuitiva, el alma, la inspiración, el origen, la fuente. En este valle poético ya no existen puntos de referencia puesto que ya no hay nada. Está desierto es incoloro, es insonoro y está paralizado. Los arcanos se han escogido durante el viaje, están exentos por tanto de las leyes de la gravedad psicológica, en una estratosfera a la que no llega ningún tipo de contaminación, en la que no penetra ninguna influencia y en la que se conserva intacto el primer lenguaje de la humanidad.

Con este inagotable yacimiento se reconoce la intuición, se recupera y se desarrolla la confianza perdida. Queda ahora la interpretación terrestre de los mensajes de arriba: aunque aplicamos cultura y ética para elevarnos a lo que está en nosotros, la intuición, es difícil hacer lo mismo con el lenguaje inferior, la interpretación de la creación intuitiva que acabamos de exponer. ¿Y por qué? Porque se trata de dos mundos distintos pero que tienen sinergias evidentes que descubriremos rápidamente más adelante. Las deducciones son exactas pero deben moldearse a veces las propias interpretaciones iniciales a medida que el tiempo aporte matices concretos. El tarot intuitivo funciona tan bien que usted realizará este viaje para reencontrarse y reunirse con los que le esperan. Los malos resultados de una tirada son debidos, a menudo, a la concentración escasa o a un mecanismo inconsciente del procedimiento. El único criterio de éxito es el de estar completamente seguro de la propia concentración y de la propia inspiración, ambas necesarias para llevar a cabo estas proyecciones intuitivas. El tarot intuitivo es de una simplicidad natural. Se impregna de pureza celeste y desciende para ofrecerla a los hombres, que comprenden mal esta simplicidad, por lo cual existen dificultades que se centran esencialmente en la interpretación.

El desarrollo de las propias capacidades

Al leer *intuición*, *psicología*, *conocimiento*, *desarrollo*, se podría pensar en cuatro virtudes, pero en realidad no son más que zonas mentales ya existentes que esperan ser activadas. Estas zonas mentales pueden ser fácilmente interactivas, es decir, dependientes una de la otra, pero pueden relacionarse también mediante enlaces directos si se quiere asumir el trabajo. En efecto, el método del tarot intuitivo se inspira en esta liberación mental, privilegiando la libre circulación del intelecto capaz de desplazarse de esta forma a zonas a menudo condenadas como poco creíbles en la vida cotidiana, como si fueran los tabiques herméticos de un submarino. ¿Por qué? Porque tener intuición es menos creíble que poseer conocimientos; porque estar más desarrollado interiormente vale menos que tener el título de psicólogo, como si nuestra época de consumo hasta el extremo nos empujara hacia lo esencialmente práctico y rentable, hacia el terreno social. Se crean de esta forma silencios, modestias frustrantes, nos forjamos una osamenta personal concreta en la cual lo pertinente y lo visible cohabitan dejando en el sótano de esta casa mental lo que la sociedad no necesita. Sin embargo, la intuición es como un niño revestido de sensibilidad y preparado para ir hacia el conocimiento y luego hacia el desarrollo, virtudes que tienen un parentesco cercano, aunque de forma totalmente involuntaria la vida contemporánea las haya separado. En mi trabajo de analista, no dejo de trabajar para hacer creíble y vivo lo que las personas gestan en el fondo de sí mismas, esta fuerza creadora e intuitiva dejada en manos de quien necesita una ayuda para salir de la sombra. La intuición se encuentra en la base de cualquier concepción y vamos a intentar que su concepción encuentre finalmente las palabras de la vida para que pueda tener una verdadera identidad, para que no tenga ya miedo de existir y de hablar, a través de un método que la legalizará completamente como cualquier otra cualidad. Luego madurará rápidamente en las grandes llanuras del pensamiento, de la psicología y de la espiritualidad, corriendo libremente hacia lo que piensa que es la verdad. A continuación se abrirá sobre el conocimiento a través de sus peregrinaciones intelectuales puesto que alguien que piensa intuitivamente se abre a todas las curiosidades pragmáticas y espirituales: se abordan más fácilmente los intereses profundos a través del *feeling* que a través de reflexiones mentales sucesivas. Después, la intuición dominada necesita un vestido, un lenguaje, lo que nos lleva a un desarrollo psicológico como necesidad de racionalizar una serie de emociones mediante un dialecto apropiado y universal llamado *psicología*.

La expansión se consagrará de forma automática a la caravana de la intuición sobre todo gracias a esta clara impresión de desenlace personal, de desarrollo interior que surgirán como un trabajo que llega a la madurez, ampliando el sentido de la vida, aunque sólo sea por las analogías aplicables a la vida cotidiana. Esta es la razón por la cual el tarot intuitivo es una verdadera herramienta de desarrollo personal capaz de proyectar al individuo más allá de sus fronteras mentales y, la mayoría de las veces, más allá de su microcosmos psicológico. También es interesante recordar que instruirse y expandirse al mismo tiempo es una amalgama rara en la actualidad sobre todo si los esfuerzos consentidos son agradables y las re-

14

percusiones personales muy ricas. El tarot intuitivo realizará en primer lugar en usted lo que llamaríamos la *reunión emocional* de lo que estaba disociado desde hacía mucho, disociado a causa de criterios educativos, psicológicos, sociales… Es cierto que poseer virtudes da valor de forma considerable a las posibilidades de penetración social salvo en lo que se refiere a la intuición que, socialmente, sigue siendo sospechosa.

La intuición y sus repercusiones adivinatorias

Existen personas que tienen mucha intuición y otras menos, pero la intuición se encuentra siempre presente en cada uno de nosotros; puede ser moralmente acaparadora o, por el contrario, difícil de delimitar o de activar. En el primer caso nos referimos a una persona emocional, en el segundo a una persona mental: cuanto más potente es la intuición, más fuerte es la emotividad, puesto que la emoción es el único instrumento de medida de la intuición que se conoce, además de las pruebas concretas que se llevan a cabo de forma progresiva en el terreno preventivo. Paradójicamente, una intuición potente puede causar un problema de fusión: la intuición se difunde tanto que se hace difícil dominarla y disciplinar los razonamientos lógicos que se desprenden de ella. En una persona mental, la intuición será laboriosa o progresiva pero tendrá el valor de ser única y no desperdigada en otras agitaciones emocionales. En estos dos casos distintos se encuentra un punto en común: la búsqueda de una sabiduría intuitiva a través de los grandes espacios emocionalmente fecundos en el primero o a través de una disciplina estereotipada en el segundo. La gran mayoría de médiums o de videntes de los que he podido realizar la carta astral provenían de la familia emocional; una ínfima minoría pertenecía a la familia mental, lo que no alteraba en nada sus posibilidades. Por lo tanto, la intuición puede encontrarse fácilmente al alcance del espíritu o disimulada en los cajones de una mente racional, y por ello es necesario cultivarla, incitarla a hablar, casi trivializarla para enseñarle a no tener miedo.

En la práctica del tarot, ¿fluyen estos análisis intuitivos sobre hechos exactos en el tiempo? Sí, en gran parte, pero es necesario señalar que nos encontraremos siempre ante una pequeña diferencia de las realidades, es decir, la irrupción de matices en el desarrollo progresivo de las verdades o de los hechos concedidos. ¿Por qué? Porque el tarot intuitivo sigue siendo un microscopio de la vida; aunque se trata de una herramienta extraordinaria, se proyecta ante una persona, una situación, un ambiente, una pregunta, una duda y luego se concede sin saber que una gran decoración rodea nuestra focalización necesaria y que esta decoración matizará muchas cosas en el desarrollo de lo que se ha proyectado. En consecuencia, lo esencial será preservar del error, y por ello no se deberá buscar más allá de los mensajes sucintos del tarot, sino mantenerse sobre las propias bases sin caer en eventuales decoraciones. Es sí o no, blanco o negro, caliente o frío: este método es extremadamente fiable si nos movemos sobre este tipo de respuestas binarias. Matizar las respuestas llegará con la experiencia de una intuición dominada atravesando las paredes herméticas de esencias mentales, intelectuales y espirituales. Podrá comprobarlo anotando las tiradas y releyéndolas cuando más adelante se produzcan las noticias, las verdades o los hechos; entonces podrá valorar los matices que podía aportar el mensaje inicial, con ese sentimiento de impotencia por el hecho de no haber podido hacer nada más… salvo progresar y cultivar la propia intuición a través de este método. Generalmente, una tirada realizada correctamente en las condiciones requeridas aporta un resultado que demuestra si somos capaces de mantener la serenidad en la emisión del juicio al principio de la iniciación. También será necesario mantener la serenidad en las preguntas, sin divagar hacia consideraciones interrogatorias complicadas como sucede en una pregunta que contiene varias preguntas o que implica un debate poco atractivo que supera la esperanza de una respuesta sencilla y diáfana. Es necesario que comprenda que está a punto de realizar una fotografía intuitiva de una persona, por ejemplo, que será representada correctamente en el centro del marco pero rodeada por una decoración que la pregunta no puede tener en cuenta, por lo menos en un primer momento. A continuación progresará rápidamente en el dominio de los matices de la comparación entre el presente y el porvenir, tal como hemos visto, pero también gracias a la experiencia de los significados analógicos muy extendidos de los arcanos mayores, unas analogías que se demostrarán cruciales en sus razonamientos y que no dejarán de otorgarle flexibilidad de espíritu en la vida diaria. El tarot intuitivo repercute de forma benéfica, en efecto, en la vida cotidiana a través de brechas psicológicas que habrá sabido forzar a través de su juicio.

Los dones intuitivos

Estadísticamente, los dones intuitivos están muy diseminados en las llanuras y los valles del comportamiento y no es posible fijar el don intuitivo en un tipo psicológico particular. Después del análisis de millones de cartas astrales en astrología planetaria, la intuición puede esconderse bajo ropajes poco habituales, aunque tenga sus preferencias en perfiles humanos particulares. Sin pretender elaborar un inventario de los portadores de intuición, podemos hablar de tres tipos mayores: el mental, el instintivo y el sensorial, que es el más raro.

El tipo intuitivo mental

Hace premoniciones y tiene intuiciones esencialmente a través del miedo. Se trata de un eterno inquieto que pivota en la cima de un torreón cerrado con candado para prevenir los eventuales sufrimientos y otras desviaciones. El miedo interior es tan intenso que hace de eco lejano mientras alimenta su intuición, formada por esencias heteróclitas que derivan hacia efectos de sonar o de detector de anomalías. Generalmente, las evoluciones de los intuitivos mentales no son muy optimistas: al tratarse de ansiosos que se ignoran, emiten ecos negativos y son mucho más aptos para prevenir una gran catástrofe que para percibir la felicidad. Aunque su naturaleza pesimista es poco sensible a cualquier forma de equilibrio eventual, son en cambio ellos los que detectarán la más mínima sospecha en el entorno del tema que se trate, lo que significa que es mejor escucharlos cuando se tienen fuertes presunciones acerca de una enfermedad o de grandes obstáculos profesionales, o en la investigación hacia una evolución o en la búsqueda de la felicidad. De todos modos, se trata de excelentes previsores cuando saben diferenciar entre intuición e intensidad.

El tipo intuitivo instintivo

Pone en acción sus dones sobre todo para sus necesidades de dominio o de representación. La necesidad de tener un ascendente sobre otra persona por un juicio que pretende ser dominante o por efectos de apariencia física o mental se hace sentir en este tipo de intuitivo. Quiere saberlo todo, quiere dominar, quiere controlar y prevenir para rodear a su interlocutor con su propia necesidad. Sin él sería imposible entender nada, sin sus consejos nos encontraríamos rodeados de peligros, sin su intuición tropezaríamos con obstáculos; en definitiva, sin su ascendente no sería posible hacer mucho. Las intuiciones del instintivo son a menudo justas, pero uno se plantea si no es a causa de la detección lógica de las propias carencias de comportamiento y no gracias a una neutralidad intuitiva. El gran problema de este tipo se sitúa en un posible defecto de nuestra personalidad: si siente que puede dominarnos a través del juicio y de la razón, activa la intuición que, en este caso, puede ser muy fuerte, puesto que es proporcional a la intensidad del ascendente que ha presentido en nosotros. Si siente que no nos controla, que estamos prevenidos aunque permanecemos a la escucha, la intuición no se activará y buscará otras formas de dominio. Por ejemplo, en los cursos de formación del tarot intuitivo, su eficacia es nula cuando les ordeno un trabajo intuitivo que tienen que desarrollar ante el grupo: no captan nada porque sólo encuentran una masa a la que tienen que convencer y no un individuo aislado al que es fácil sorprender. Muchos videntes, cartománticos y médiums son de este tipo. Es importante señalar además que la necesidad de influir en los demás se propagará muy rápidamente en los anuncios de videncia de las revistas para llamar la atención de aquel o a aquella que se convertirá por fuerza en «captable».

El tipo intuitivo sensorial

Este último es claramente el más raro y el más dotado. Como ya habrá intuido se trata de un emocional replegado en sí mismo; el tipo extrovertido es todavía más raro. El intuitivo sensorial activa sus dones con aquello que posee en grandes cantidades: la sensibilidad. Se trata de una verdadera caja de resonancia, un depósito vacío que se llena de emociones a gran velocidad y del que se pierde el control de la capacidad. El problema de este tipo intuitivo es la relajación y la concentración. En efecto, es difícil para ellos desprenderse de la presión emocional puesto que se convierten en las balizas sensoriales de las vibraciones ajenas. El método del tarot intuitivo les encaja perfectamente puesto que se canalizan con más facilidad sobre el sujeto sin que se trate de una cuestión de técnica esotérica. Sus proyecciones intuitivas son extremadamente eficaces cuando consiguen disciplinarlas reduciendo la capacidad de los mensajes en cuestión, puesto que tienen una clara tendencia a matizar tanto las respuestas que el tema inicial llega a diluirse a pesar de ellos. Se trata de eternos buscadores del amor, no para ellos sino para los demás; su intuición sólo viaja en el barco de la bondad y de la generosidad. La verdadera videncia y la verdadera mediumnidad sólo existen gracias a ellos, pero no les verá nunca hacer publicidad en las revistas…

El principio del tarot intuitivo

¿Para qué sirve el tarot intuitivo?

El principio del tarot intuitivo es analizar y desarrollar las tendencias preventivas de un hecho, de una situación, de una cuestión general, de una persona, etc. Se trata de un método que utiliza una tirada refinada muy fácil de asimilar la cual realza el valor del simbolismo, lo que se quiere saber, como una especie de transferencia o de proyección de nuestro pensamiento hacia las tendencias evolutivas del sujeto interesado. Sólo tendremos que traducir este simbolismo al lenguaje corriente para comprender los mensajes que emanan de nuestra intuición, un lenguaje que descansará en la lógica, el sentido común, el análisis realista y la honestidad. Por lo tanto, tendremos que aprender a proyectar la intuición consciente e inconsciente sobre imágenes que se extenderán ante nosotros y que tendremos que desarrollar y rellenar para colocar las bases de respuestas, verdades, sentidos, inclinaciones y tendencias. La parte más delicada de este trabajo no es la tirada propiamente hablando ni la traducción de las imágenes que se desprenden de ella, sino la preparación mental para lo que se va a hacer y proyectar. En efecto, todo este sistema depende de nuestra propia capacidad para obtener del tarot su enorme potencial relacionado directamente con la propia intuición. Para ello tendremos que estar en afinidad con el tarot manifestando las dos virtudes que se esperan de nosotros: la honestidad y la concentración.

El camino de la intuición

La honestidad es capital en este proceso hacia la necesidad de saber y de analizar. Este método es sumamente eficaz cuando lo dirige la honestidad, ya que está fuera de lugar enfrentarse a un trabajo intuitivo con pensamientos negativos, porque esto puede molestar, o con un planteamiento débil o incluso superficial. Acerca de la segunda virtud capital, hay que pensar sólo en la pregunta que se quiere realizar, lo que se quiere saber y desarrollar, ponerse en órbita alrededor del tema actual, visionarlo, fijarlo mentalmente y sentir que se domina perfectamente. Sólo a partir de este nivel la tirada puede realizarse mediante la simple transferencia de nuestros pensamientos concentrados sobre imágenes que descubriremos y desarrollaremos enseguida. La aplicación de estos dos criterios importantes no será un problema para usted si es tranquilo y reflexivo; en caso contrario, le será más difícil dominarse para dirigirse hacia pensamientos únicos, concentrados y límpidos. El esfuerzo para alcanzar serenidad en la pregunta será más largo pero es necesario destacar que el tarot intuitivo constituye una excelente terapia personal si se es una persona nerviosa, distraída o ansiosa.

La tirada de cartas del tarot intuitivo

La tirada se realiza con tres arcanos: un *arcano mayor* que se obtiene del montón correspondiente y dos *arcanos menores* que se obtienen del segundo montón. El *arcano mayor* tiene que situarse por encima de los dos *arcanos menores* que constituyen de esta forma la base del primero. Se obtiene la figura siguiente:

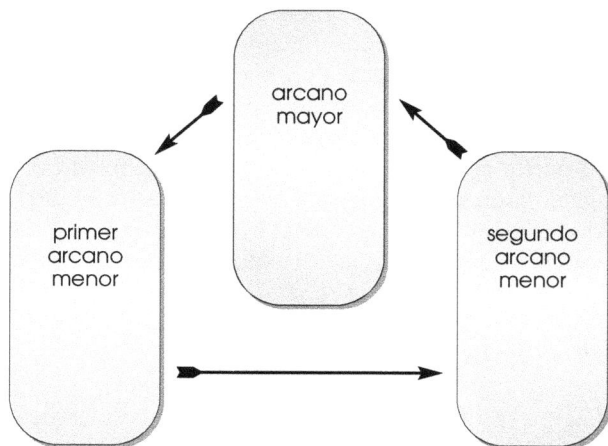

El sentido de la lectura y del desarrollo se debe realizar como el sentido de la tirada, es decir, empezando por el *arcano mayor*, después el *menor de la izquierda*, luego el *menor de la derecha* para acabar en el mayor superior tal como indican las flechas de la figura. En cartomancia, los arcanos mayores tienen mucha más autoridad jerárquica que los arcanos menores. Este arcano mayor extraído constituye la imagen clave de la cuestión considerada, aporta su verdadero clima, refleja integralmente su impresión positiva, negativa o matizada. A continuación, los dos arcanos menores aportan precisiones mucho más concretas al sentido general que aporta el arcano mayor, primero por la pertenencia a uno u otro palo (bastos, oros, copas y espadas) y luego por su fuerza en la escala jerárquica de los arcanos menores (As, rey, Diez, etc.). Se puede considerar globalmente que el arcano superior constituye la cabeza y los dos arcanos inferiores las piernas, una energía primaria dirigida hacia estos dos puntos de caída inmediatos, lo que sería igual que decir que el arcano superior piensa y que los arcanos menores sirven sólo para mostrar en qué ámbitos relacionados se difunde este pensamiento. También tenemos que recordar que esta tirada es prácticamente única en su género en el sentido de que se trata de la única que puede practicarse en solitario, sin un protagonista directo, a diferencia de la tirada en cruz, por ejemplo, que necesita a alguien que pregunte.

No debemos olvidar anotar sobre todo las diversas tiradas en una libreta para poder apreciar las repercusiones en cuanto los hechos se produzcan a lo largo del tiempo; esto nos ayudará a comprender mejor el sentido de los arcanos involucrados a la vista del desarrollo de lo que se ha presentado. Es necesario anotar la fecha de la tirada, la pregunta planteada y los propios comentarios, que se deberán comparar con las realidades del sujeto interesado que se han producido con el tiempo. Se trata de una forma excelente para progresar en el arte del tarot: el tiempo y sus realidades moldearán los matices escondidos en cada arcano, que será posible asimilar de esta forma más fácilmente.

La práctica del tarot intuitivo

Antes de enfrentarnos a las definiciones generales de los 78 arcanos del tarot, quiero invitarle a vivir realmente una tirada intuitiva en directo tal como yo la practico desde hace muchos años.

Encontrará en las siguientes explicaciones las condiciones ideales para llevar a buen término esta tirada. Debe seguir muy escrupulosamente esta guía para aumentar las posibilidades de éxito. Estas son las etapas que hay que seguir.

La pregunta

Evidentemente, la existencia de una pregunta es fundamental; puede provenir de una idea, de un pensamiento repentino, de una llamada telefónica, de una discusión, de una duda, de un encuentro, etc.

La pregunta, además de ser sincera, tiene que ser sencilla. No debe comportar ambigüedades ni ser susceptible de otorgarle doble sentido. Tiene que llevarnos hasta una respuesta tan clara como su irrupción.

La concentración, la mezcla y la transmisión

Esta pregunta tiene que gestarse después en su espíritu, que permanecerá lo más atento posible a esta presencia, mientras que usted empieza a manipular los *arcanos mayores* para mezclarlos suavemente sin dejar de concentrarse, puesto que esta mezcla debe realizarse bajo este único pensamiento, mientras se esconden las figuras de los arcanos mezclados de esta forma. Cuando usted «sienta» que la respuesta se encuentra en la punta de los dedos, después de este mecanismo regular, puede pasar a la transmisión y separar el arcano mayor que se ha escogido de forma intuitiva y situarlo ante usted, girado. A continuación realice lo mismo con los *arcanos menores* sin dejar de estar atento a la pregunta: el *primer arcano menor* que escoja tiene que situarlo a la izquierda; el *segundo arcano menor*, a la derecha. Si no está completamente convencido de su concentración, si se ha relajado un poco durante esta operación o si «no siente la tirada», no debe dudar en empezar de nuevo.

La eficacia y la fiabilidad de las predicciones dependen en gran medida de esta concentración intensa sobre los temas abordados.

El desarrollo

El sentido del desarrollo y del análisis de la tirada está indicado con flechas en la figura anterior: se gira el *arcano mayor* que se encuentra arriba, luego el *arcano menor de la izquierda* y finalmente el *arcano menor de la derecha*. Simbólicamente, la potencia del arcano mayor derivará hacia el arcano menor de la izquierda que, en el tiempo y en los hechos, es jerárquicamente superior al de la derecha puesto que es el *primero* de los arcanos menores que se han extraído, como en un orden de precedencia. Este arcano menor de la izquierda aclarará enseguida el ámbito principal señalado por el *mensaje* del arcano mayor, a través de su naturaleza (bastos, oros, etc.) y a través del valor que tiene dentro de su propio palo. El arcano menor de la derecha no es una proyección visual del arcano mayor como su vecino, sino que interviene para aclarar otro ámbito que deriva del sentido de este, sobre todo en los hechos. Lo que significa que el arcano menor de la derecha es una continuación que proviene de la izquierda y que los dos son tributarias del mensaje superior, que modulan y matizan.

Por lo que se refiere a la jerarquía de los arcanos menores que veremos más adelante, será necesario comprender desde el principio que los arcanos menores positivos o esperanzadores situados bajo el yugo de un arcano mayor nefasto, en la tirada intuitiva de una pregunta, pueden sin embargo suavizar o mejorar la suerte de la tirada pero a pesar de todo no pueden aniquilar *la potencia de su maestro, situado encima de ellos*. Se trata de una regla muy importante, ¡es necesario recordarla!

El principio del desarrollo de los tres arcanos del tarot intuitivo es el siguiente:

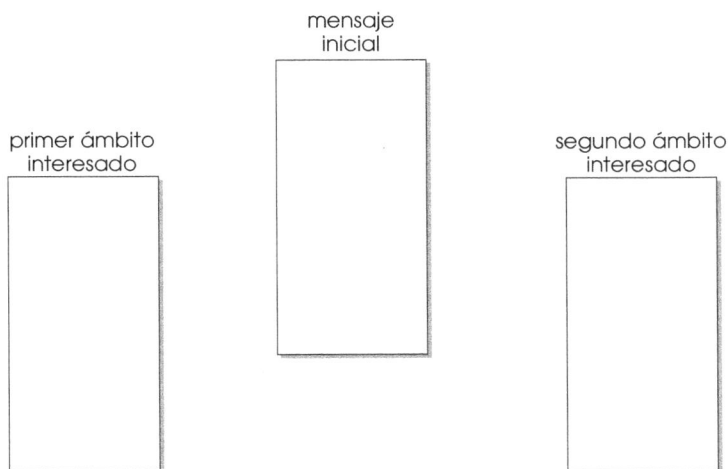

mensaje
inicial

primer ámbito
interesado

segundo ámbito
interesado

Ejemplo tipo de una tirada de cartas de tarot intuitivo

Le invito a realizar una tirada «en directo» con un ejemplo que le proyectará al ambiente requerido para garantizar buenos resultados. Este ejemplo es sencillo; las repercusiones predictivas de esta tirada no son importantes, es el método lo que nos interesa. Esta es la pregunta que vamos a desarrollar: «Estoy pensando en una amiga que no ha dado señales de vida desde hace mucho… ¿Por qué? ¿Está enfadada? ¿Está enferma? ¿La veré pronto?». A continuación, llevo a cabo el procedimiento siguiente, que será válido para cualquier pregunta que se plantee. Mezclo suavemente los arcanos mayores pensando en esta amiga. Su imagen está muy clara en mi espíritu; la fijo y la proyecto a través de un arcano mayor que me parece que le pertenece. Sitúo este arcano mayor girado sobre la mesa delante de mí, dejo los demás arcanos mayores en un montón y realizo el mismo proceso con los arcanos menores sin dejar de pensar en mi amiga. Masajeo suavemente el montón de los arcanos menores con la punta de los dedos, me concentro para sacar un arcano, lo sitúo a la izquierda debajo del arcano mayor y luego, sin desconcentrarme, saco un segundo arcano menor y lo coloco a la derecha de su vecino, tal como indican las figuras precedentes. Giro en un primer momento *sólo el arcano mayor*, que me proporcionará el tono general de la situación actual de esta amiga, su estado de ánimo en relación con su silencio, es decir, la causa de su «desaparición».

El Ahorcado

A simple vista no se puede decir que esté feliz y contenta. Parece que se encuentra, por el contrario, bajo un yugo emocional, una renuncia, un poderoso contratiempo o quizás está desanimada o sufre incluso una depresión. Este arcano mayor muestra en consecuencia el sentimiento dominante de su espíritu actual. El arcano menor de la izquierda nos mostrará en qué ámbito principal se desencadenan estas negatividades.

Seis de espadas

Este arcano menor de la izquierda indica que la negatividad se centra sobre todo en la forma física y moral de esta amiga: parece estar vi-

viendo emociones nefastas de forma continua, grandes preocupaciones o un trastorno de salud, un momento crítico general. Sin embargo, parece estar luchando (sentido de las espadas) contra este estado pero con medios limitados (sentido del seis). Es evidente, después de haber girado estos dos primeros arcanos, que esta amiga tiene problemas personales y no se siente inclinada a comunicarse. El arcano menor de la derecha completará el arcano de la izquierda con precisiones referentes a las repercusiones secundarias de este clima general.

Nueve de copas

El nueve de copas proyecta la respuesta a la pregunta hacia el ámbito emocional, los problemas y las preocupaciones que recaen en la vida afectiva (copas) en un sentido ideal (sentido de los nueve) que se está replanteando. Esto quiere decir que actualmente vive tensiones que no es capaz de dominar (sentido del Ahorcado), que intenta escapar de una saturación moral grave (sentido del Ahorcado que se vierte sobre el seis de espadas) que da lugar a un gran replanteamiento sentimental puesto que su ideal afectivo parece severamente afectado (sentido del seis de espadas que se vierte sobre el nueve de copas).

¿Qué le está sucediendo? La evolución del tiempo lo dirá, pero está claro que no es el mejor momento para ponerse en contacto con ella, que no siente una particular animosidad hacia mí y que sobrevive entre problemas privados. El humor de la tirada no refleja para nada a alguien que quiera relacionarse conmigo… Es mejor esperar a una segunda tirada en las próximas semanas para ver cómo están las cosas. Este es el procedimiento que deberá seguir usted para conseguir resultados satisfactorios de una tirada intuitiva: es necesario ser lógico, analizar con neutralidad, captar en primer lugar el aspecto positivo o negativo del resultado, qué palos están implicados, intentar comentar simplemente lo que se descubre; no se debe inventar un sentido obligatoriamente porque el verdadero sentido se encuentra delante de usted, le habla y se ocupa de situarlo en su misma frecuencia. Tiene que convencerse de que usted no es más que el testimonio neutro de lo que se transfiere y el simple traductor de tendencias predictivas. El resultado no le incumbirá nunca, usted sólo corre una cortina de la ventana para observar el paisaje que se encuentra tras los cristales, sabiendo evidentemente que no será nunca el amo del decorado exterior y del tiempo que hace en ese momento.

Resultados predictivos y consejos de interpretación

Como ya hemos dicho, será necesario tener una libreta para anotar las tiradas con el fin de compararlas con las realidades futuras. Se dará cuenta enseguida de que las realidades que produzcan serán análogas o muy parecidas a la tirada que acabamos de describir. En efecto, estas realidades estarán casi siempre emparentadas con los arcanos extraídos y anotados en detrimento de… su interpretación, que a menudo estará ausente. Lo que equivale a decir que el mundo predictivo se encuentra muy alejado de la proyección que hacemos de él, cuando pensamos en un desarrollo cualquiera que nos parece ineluctable o lógico. Se observa por lo tanto un desfase entre la idea que nos hacemos en el instante de una situación y las realidades que ocurren. Por esta razón la validez de nuestro juicio queda en entredicho en cuanto a los resultados, pero nunca la *tirada*, si se ha elaborado siguiendo las reglas enunciadas, lo que quiere decir que la tirada es a menudo *verdadera* y que las interpretaciones de esta son a menudo *engañosas*, tal como descubriremos con la experiencia. La mayor parte del trabajo consiste por lo tanto en afinar el propio juicio a través de situaciones proyectadas por el tarot intuitivo, solicitando *juicio* e *intuición* para alcanzar la interpretación más cercana a los hechos futuros. Cuando su interpretación sea exacta y precisa en los acontecimientos y en los actos, significará que se ha hecho usted muy fuerte… y es lo que yo le deseo.

Le aconsejo anotar las tiradas tal como muestra el ejemplo siguiente incluso antes de interpretarlas.

Pregunta planteada:	Fecha:
Arcano mayor	
Primer arcano menor	Segundo arcano menor

Por lo que se refiere a las interpretaciones cuando ya se han girado los arcanos, se siente a menudo una especie de incomprensión y de desconcierto mental frente a arcanos girados que no tienen nada que ver con el ámbito abordado. En efecto, a veces sucede que estos arcanos se encuentran lejos del contexto general de la persona afectada o de la situación estudiada o presentada: por ejemplo, arcanos de espadas para una pregunta que comporta *a priori* garantías de estabilidad o de desarrollo, oros para una pregunta afectiva, copas para asuntos de dinero, etc.

Lo mismo puede decirse del arcano mayor escogido que encarna una idea que no tiene ninguna afinidad con el estado de espíritu general en cuestión... Esto quiere decir que las previsiones se sitúan más allá de los datos actuales y que será necesario captar lo que el tarot quiere señalarnos, lo que provoca desánimo y pánico cuando, en una situación serena, los arcanos escogidos son agresivos o poco recomendables. Pero será mejor que pongamos algunos ejemplos.

Una persona positiva proyectada con un rey o una reina de espadas en una tirada deja perplejo. Tiene dos posibilidades: o adquiere el potencial de los arcanos citados o esta persona *se traslada* a estos personajes para enfrentarse a una situación determinada. Por ejemplo, el hombre amado (rey o caballo de copas normalmente) se transforma en justiciero (rey o caballo de espadas) cuando su equilibrio está en juego, cuando se siente traicionado o cuando está preocupado por una situación afectiva bastante imprecisa. Otro ejemplo: una autoridad social o profesional con la que tenemos obligaciones o deberes que cumplir, un superior o un jefe (rey o caballo de bastos) proyectados de repente en personas condescendientes y generosas (rey o caballo de copas)... Existen dos posibilidades: o esta persona goza de una vida sentimental ejemplar (¡algo que quizá no tiene nada que ver con la pregunta!), o ha puesto sus miras en usted o parece ir hacia perspectivas de entendimiento y de conciliación (copas); de todos modos no hace falta concluir que el jefe está enamorado de nosotros...

La situación es idéntica cuando, durante una tirada sobre consideraciones globalmente positivas, se descubren arcanos extremadamente duros que no tienen ninguna relación con los criterios del momento: o la situación se degradará (se tendrá que intentar entender en ese caso el porqué), o nuestra consideración de los hechos y de las situaciones que están en causa en el momento de la tirada es errónea. Personalmente puedo decir que este caso es más frecuente de lo que uno pueda pensar; en diversas ocasiones yo mismo he proyectado personas positivas en el momento de la tirada que a continuación, en sus situaciones, se han confirmado muy negativas, por razones diversas, lo que corroboraba perfectamente la primera impresión de la tirada intuitiva que parecía completamente incoherente con las preocupaciones y el ambiente de ese momento.

Una tirada motivada, honesta y llevada a cabo correctamente indica siempre respuestas latentes, a veces imperceptibles pero auténticas.

Será necesario asimilar también esta noción de *transferencia* para determinadas situaciones pero sobre todo también para los personajes principales de las cuestiones abordadas. En efecto, como en el ejemplo anterior, nunca estamos seguros de la estabilidad relativa actual de las situaciones y de las personas que forman parte del entorno cotidiano: el cordero se convierte en lobo, la persona amable se convierte en traidora, la malvada en amiga, un parque precioso se convierte en garaje, la indiferencia se transforma en compasión, la persona que está lejos vuelve, etc. Estos detalles son evidentes sobre todo con personas con las que tenemos afinidades afectivas: entonces nos es difícil imaginar lo peor o más sencillamente imaginar que son o actúan de una forma distinta al juicio personal que nosotros tenemos de ellas. Por esta razón será siempre más fácil alcanzar resultados convincentes con situaciones o personas alejadas de nuestra esfera afectiva directa puesto que será más fácil mantener una distancia que permitirá el discernimiento de las eventuales perspectivas, algo que es mucho más difícil cuando estos criterios dependen de la esfera emocional. En cada tirada intuitiva existe una verdad que se debe aprender, perspectivas que se tienen que asimilar con el tiempo e influencias físicas y psíquicas que a menudo es difícil imaginar puesto que se encuentran paralizadas en el momento, en lo actual y en lo temporal. Por ello anotar estas tiradas tan importantes es crucial, puesto que ese tiempo, como ya sabe, es un extraordinario maestro y el mejor profesor para el tarot intuitivo. Gracias a estas escrupulosas anotaciones, podrá progresar rápidamente puesto que le permitirán comparar su proyección inicial con los resultados concretos sobre el terreno.

Principales recomendaciones técnicas

A primera vista, los tarots representan un montón de cartas ilustradas con figuras y con símbolos que suscitan de forma espontánea un deseo de consumo, de práctica y de crecimiento esotérico. Ese síntoma es una buena señal. Traduce una afinidad abstracta entre el interesado y el mundo oculto, psicológico o intuitivo. Puesto que estos criterios psicológicos son naturalmente selectivos, es posible sentirse cómodo o absolutamente extraño en todo ello. A continuación, las ganas de manipular estas cartas, de tocarlas, de hacerlas trabajar y de crear rápidamente una desmitificación pueden desembocar fácilmente en prácticas dañinas que sería difícil corregir más adelante. Es cierto que el tarot espera pero será necesario educarlo correctamente, como a un niño, en condiciones óptimas para establecer una relación íntima con él a fin de comprender mejor sus mensajes, sus reacciones, sus silencios o sus misterios. Antes de abordar la práctica, será necesario observar reglas de utilización sencillas y sanas, fáciles de retener, como el respeto de una ética o de una civilización entre usted y él: en efecto, el tarot es alérgico a ciertos climas o a ciertas situaciones y, en esos casos, no será capaz de dar lo mejor de sí mismo. Estas son las condiciones ideales para utilizar su tarot; es necesario seguir estas reglas elementales correctamente.

La elección de la herramienta

Personalmente, recomiendo *el tarot de Marsella*, de imágenes sobrias y, por lo tanto, más fáciles de asimilar, pero es posible escoger un juego de tarot más sofisticado o más personalizado con la condición de que esté compuesto por 22 arcanos mayores y por 56 arcanos menores = 78 arcanos. Si usted ya está familiarizado con su tarot, no habrá ningún problema. En el caso de tener que elegir uno, es posible que se sienta mucho más seducido por las imágenes del juego que por la verdadera misión que tienen que cumplir. Algunos juegos son muy bonitos y refinados pero es necesario desconfiar de las imágenes subliminales que transfieren algunos arcanos que incitan a pensar como ellos, una especie de fotocopia automática que puede conducirle al error. Por ejemplo, algunos juegos de tarot presentan el arcano número 15, el Diablo, de forma muy agresiva e incluso vulgar, lo que puede llevar al novato más hacia los defectos de este arcano que hacia sus pocas virtudes. En todos los casos será necesario estar en afinidad con el propio juego, sentirlo perfectamente, estimularlo o sentir una fuerte credibilidad relacional entre él y nosotros.

Si el juego del tarot es completamente nuevo, no debe olvidar seguir el procedimiento de iniciación del juego (véase pág. 34).

El sentido de los arcanos

Las cartas tienen que extraerse y leerse del derecho, es decir, con las imágenes y las figuras frente a uno mismo y no giradas, aunque existe evidentemente la opinión contraria sobre este tema, que dice que las cartas eventualmente invertidas difunden un mensaje distinto, atenuando o ampliando el mensaje inicial de la carta en cuestión. En la práctica, no es tan importante saber si uno u otro efecto está amplificado o atenuado, por la sencilla razón de que el marco de las cartas que están al lado y la combinación entre arcano mayor y arcanos menores son los aspectos que cambian considerablemente los efectos y los matices del mensaje; esta posible utilización invertida parece por lo tanto inútil e incluso complicada. Estoy convencido de que el tarot ha evolucionado desde la noche de los tiempos para llegar hasta nosotros a través de mejoras muy matizadas, como un cuadro o una imagen que no tendrían sentido si estuvieran del revés. Por otra parte, usted mismo puede darse cuenta de que los creadores contemporáneos de tarots (Wirth, Oracle G., Belline, Yaguel Didier, etc.) han creado sus obras para ser interpretadas únicamente del derecho, sea cual sea el número de cartas del juego en cuestión. En el tarot de Marsella, las 78 cartas tienen que permanecer del derecho y será necesario colocarlas en este sentido después de cada utilización: los arcanos mayores en el sentido de sus dibujos y los arcanos menores hacia el cielo, es decir, espadas y bastos hacia arriba,

30

copas de pie y figuras humanas de pie. El juego de cartas tendrá que dividirse siempre en dos, por una parte los arcanos mayores y por otra los arcanos menores, sujetos con gomas elásticas, por ejemplo.

La manipulación

El juego de cartas no se percibe como cualquier otro objeto en el sentido del tacto porque es delicado. Se moldeará y se someterá progresivamente al movimiento de sus dedos. Es necesario que la manipulación sea suave, regular y atenta; un tarot no se golpea, tiene que deslizarse sencillamente entre nuestros dedos cuando lo barajamos como si lo preparásemos suavemente para responder a nuestras preguntas. La mezcla de los arcanos tiene que parecerse a una especie de reciclaje subliminal alimentado por los propios pensamientos, siempre con atención para no mezclar los 78 arcanos simultáneamente en su conjunto. En primer lugar se deben mezclar los *arcanos mayores* dispuestos en un montón distinto al de los *arcanos menores*, que se manipularán en segundo lugar. Además de no mezclar los arcanos mayores y menores, es importante recordar que la mezcla de los arcanos se verá más estimulada gracias a su concentración que al movimiento mecánico en sí mismo. Nadie más debe tocar su tarot, que tendrá que dejar descansar en un lugar no accesible a otras personas, en un estuche apropiado, en un cajón o en una bolsa especial, dividido en dos montones distintos (los arcanos mayores y los menores).

El ambiente

Evidentemente, el ambiente tendrá que ser íntimo, no se puede consultar el tarot en medio del ruido, en la playa o en un bar. Para realizar un buen análisis de los mensajes se necesita un ambiente tranquilo, en el silencio de un lugar habitual para usted en el que se pueda sentir en afinidad simbólica con su tarot. Tiene que evitar las interferencias sonoras que provienen de la calle, de la radio, de la televisión, de los juegos de los niños o de la cortadora de césped; es necesario que se encuentre en condiciones de escucha y de focalización óptimas para percibir y traducir los mensajes que emanan del tarot. Si hay una presencia extraña, percibirá enseguida que las condiciones de asimilación difieren y ello hace necesario acostumbrarse y familiarizarse en relación con su aislamiento habitual.

La motivación

La motivación es capital para obtener el máximo del potencial de su juego. Por lo tanto, no debe consultar el tarot cuando se sienta poco estimulado. Querer saber será la locomotora que le llevará hacia el conocimiento; debe evitar consultar con el tarot cuando la motivación sea poca, cuando su resolución sea nebulosa, en definitiva, cuando no se sienta muy capaz de pensar sobre lo que trata la pregunta de la consulta. Es evidente que las preguntas tienen que ser claras y diáfanas, de la misma forma que en radiestesia nos ayudamos con un péndulo, en caso contrario los resultados serán vagos, inexactos o incoherentes.

Lo importante es instaurar un lenguaje sencillo como hacemos con un niño, no crear respuestas automáticas durante las preguntas, procediendo paso a paso en el camino seguido por una pregunta. Usted tiene que formar una unidad con su tarot, que se conformará con traducir de forma binaria la evolución de su inconsciente a través de imágenes y de símbolos. Es mucho más sencillo de lo que usted piensa, pero ser sencillo, en nuestra época, se ha convertido casi en una virtud…

La frecuencia de las preguntas y de la tirada de las cartas

Para que los resultados sean lo más eficaces posible es necesario ser muy meticuloso en los pequeños detalles referentes a la frecuencia de las tiradas y a la formulación de las preguntas. La regla principal es no formular una pregunta ya planteada, desarrollada y analizada, si no ha desembocado en repercusiones recientes, aunque sean incoherentes para usted… El principio es esperar que hechos o noticias procedentes de esa pregunta lleguen a usted para constituir nuevos puntos de referencia y formular la misma pregunta en el estado de espíritu suscitado por estos puntos de referencia recientes. El tarot, en este caso, bajo su égida psicológica, asimilará esta nueva toma de consciencia para proyectarla hacia perspectivas que usted tendrá que analizar para establecer su juicio. Pongamos un ejemplo para ilustrar esta regla crucial, que debe observarse como una ética personal:

— usted proyecta a una persona sobre la que plantea una pregunta;
— usted realiza una tirada intuitiva siguiendo el método descrito;
— usted desarrolla y concluye su análisis.

Luego… ninguna noticia, no sucede nada. Será necesario esperar algo consistente, aunque la espera sea larga, para «suspender» la pregunta y formularla de nuevo añadiendo los matices que aportan los hechos recientes. Cuando usted tenga nuevos puntos de referencia, será necesario repetir los puntos anteriores, como si se tratara de resultados tangibles, aunque estos le parezcan incoherentes respecto a su conclusión inicial. En ese caso, la pregunta puede haberse formulado mal, o puede ser que su conclusión se haya orientado de forma incorrecta, puesto que el tarot desprende tales matices que es difícil dominarlo sin una larga experiencia. Lo que le gusta al tarot son las preguntas sencillas y límpidas, las tomas de conciencia verdaderas, las motivaciones de investigación potente. Se dará cuenta enseguida de que debe alistarse en sus filas si quiere integrarse en él. Aporta un sentido nuevo a la vida, una disciplina natural que desarrolla, hace evolucionar, transfiere matices vitales que no encontrará en ningún lugar. Por lo que se refiere a la formulación de las preguntas planteadas, la experiencia… y mis consejos son los elementos que aportarán piedras a su edificio esotérico. Plantear bien una pregunta, depurarla, hacer que sea fácil de resolver forma parte de la ética del tarot intuitivo: es necesario liberar su espíritu, desprender cualquier influencia negativa o incluso positiva, neutralizar las emociones, desprenderse de las contaminaciones secundarias externas y mantener un comportamiento relajado y sereno. La formulación no debe ser cartesiana o estar comprimida en un lenguaje binario, es necesario que esta formulación se rodee de lo que realmente usted quiere saber, es decir, del verdadero sentido de su interrogación.

Un día, después de realizar diversas tiradas para una persona querida, no comprendía por qué el tarot presentaba arcanos de agua (el Ahorcado, el Diablo o la Luna), cubriendo de esta forma cualquier posibilidad de mejoría respecto a una respuesta concreta: quería decir que estaba celoso de esta persona y que estos celos suplantaban mi verdadera motivación de saber, lo que era cierto (¡) pero necesité bastante tiempo para llegar a comprender que no sabría nada sobre esta persona si antes no abandonaba ese estado de ánimo. El tarot imprime la primera imagen que capta como una fotocopiadora reproduce un documento, algo que a veces nos deja atónitos sobre nuestro supuesto libre albedrío… El tarot aprecia mucho la honestidad, pero no la que se percibe en un primer momento, sino la del alma. Esta honestidad es original, respeta una lógica inmutable muy difícil de coordinar con nuestras sociedades actuales; proviene de la emoción, del amor, del respeto innato hacia un orden que no se enseña en las escuelas. Hay que saber ser verdadero, auténtico, mostrar la fuerza interior, estar orgulloso de esta potente virtud.

El tarot es su hijo espiritual y se dirigirá constantemente con usted hacia esa matriz de evolución.

La iniciación del propio juego del tarot

Si ya posee un tarot «rodado» que ha utilizado en otros trabajos personales, este tarot está ya impregnado de su temperamento, ya ha superado sus pruebas y «habla», tal como se dice en la profesión.

En este caso es inútil seguir este procedimiento, puesto que su tarot es apto para funcionar y se ha concedido un orden natural que lo hace ser lógico y fiable.

Si posee un juego de tarot nuevo o si tiene la intención de comprar uno, este es el procedimiento que permite «separarlo» de su orden de manufacturación.

Se trata de una especie de bautismo iniciático que le permitirá hablar muy rápidamente sin utilizar palabras mágicas abracadabrantes u otras tonterías extendidas en este ámbito.

Su juego está «vivo», se desarrollará bajo la influencia de su personalidad y de su inconsciente, instaurando una lógica muy personal a medida que evolucionen sus trabajos.

Lo importante será evitar «romperla» de nuevo, aparte de en sus mezclas preparatorias.

Su juego de tarot tendrá que configurarse siempre en dos montones, como muestra la siguiente figura.

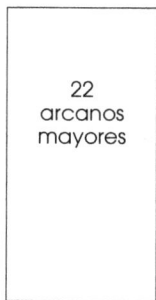

```
        22               56
     arcanos          arcanos
     mayores          menores
```

Este es el procedimiento que debe seguirse cuando el juego de cartas es nuevo. Separe los arcanos mayores (del Mago al Loco) y los menores catalogados en bastos, oros, copas y espadas.

Arcanos mayores

Coloque los arcanos mayores ante usted en el siguiente orden:

• Diablo – Papisa – Sol – Amantes – Torre – Mundo – Muerte – Estrellas – Papa – Carro – Ermitaño – Juicio.

• Luna – Ahorcado – Justicia – Emperatriz – Mago – Rueda de la Fortuna – Fuerza – Templanza – Loco – Emperador.

Recoja a continuación estos arcanos mayores de manera que el Diablo se encuentre encima del montón y el Emperador debajo de este montón. Su tarot tiene que estar formado siempre por dos montones distintos (arcanos mayores y menores). Guarde los arcanos mayores como primer montón.

Arcanos menores

Coloque los arcanos menores en el siguiente orden en cuatro filas:

• 1.ª fila (14 arcanos menores): seis de espadas – as de espadas – seis de oros – dos de bastos – rey de oros – rey de bastos – reina de espadas – tres de espadas – diez de espadas – cinco de bastos – reina de copas – seis de bastos – nueve de copas – as de bastos.

• 2.ª fila (14 arcanos menores): ocho de espadas – caballo de espadas – nueve de espadas – siete de bastos – cinco de espadas – sota de bastos – cuatro de oros – cuatro de copas – siete de oros – reina de bastos – ocho de oros – rey de copas – sota de oros – nueve de bastos.

(continúa)

• 3.ª fila (14 arcanos menores): caballo de bastos –reina de oros – dos de copas –ocho de copas – siete de espadas – siete de copas – tres de oros – sota de copas – caballo de copas – dos de espadas – rey de espadas – as de copas – diez de copas – diez de bastos.

• 4.ª fila (14 arcanos menores restantes): cuatro de bastos – cinco de oros – tres de bastos – as de oros – nueve de oros – diez de oros – ocho de bastos – caballo de oros – dos de oros – tres de copas – cuatro de espadas – sota de espadas – cinco de copas – seis de copas.

Recoja cada fila con cuidado de manera que el último arcano citado quede situado debajo y luego una los cuatro montones; el montón que forma la primera línea tiene que situarse encima y el montón que forma la última fila, debajo. Guarde estos 56 arcanos menores como segundo montón.

LOS COMPONENTES

La estructura interna del tarot intuitivo

Las cuatro familias de los arcanos menores

Los arcanos menores están divididos en cuatro familias distintas que representan los sectores cruciales de nuestro comportamiento y, por lo tanto, de nuestra vida. Estas familias no mantienen ningún tipo de relación entre ellas, manejan cada una los ámbitos apropiados que, de todos modos, pueden proyectarse fácilmente hacia lo figurativo pero manteniéndose dentro de unos límites específicos bastante rígidos tal como mostraremos a continuación.

Los bastos

Los bastos rigen la vida diaria y los asuntos corrientes, nuestras costumbres, el trabajo, las obligaciones, la alimentación y los esfuerzos que se han vuelto triviales debido a la obligación. Reinan sobre lo constructivo, lo organizado y lo planificado. Representan lo que no se escapa de lo ordinario, lo que se obtiene de nuestros propios medios para evolucionar y progresar.

Los oros

Los oros rigen la vida material y los asuntos financieros; es fácil de adivinar: dinero, liquidaciones, capitales, adquisiciones inmobiliarias, valores materiales, patrimonio, intereses, salarios, rentas, beneficios financieros, etc. Reinan sobre la noción de beneficio o de pérdida instaurando un nivel de importancia según la jerarquía en cuestión.

Durante una pregunta, representan también a menudo los intereses en juego no necesariamente materiales o financieros pero que pueden poner en evidencia o en peligro prioridades materiales indispensables para nuestro equilibrio general.

Las espadas

Las espadas rigen los deseos, los esfuerzos, las penas, las proezas, los impulsos, los antagonismos, los conflictos, los obstáculos que hay que vencer, las dificultades que se deben superar, etc. Reinan sobre una noción principal de investigación personal para llegar a un resultado a través de esfuerzos, de entusiasmos o de superaciones de uno mismo. Representan la fuerza, para sí mismo o contra sí mismo, así como el deseo y el impulso de la pasión; influyen también de forma considerable sobre la salud, el equilibrio físico, la vida sexual y la creación personal.

Las copas

Las copas rigen únicamente el ámbito emocional: vida afectiva, vida moral y psicológica, vida familiar, vida relacional, sensibilidad, búsqueda de equilibrio, conciliación, suerte, pasividad, etc. Reinan sobre las experiencias agradables directamente accesibles y explotables sin obligarse a los esfuerzos, inducen las nociones esenciales de pasividad, de suerte y de oportunidad basándose en el potencial emocional y del comportamiento. Se trata generalmente de arcanos bondadosos y generosos que instauran un clima de paz, de ideal, de desarrollo afectivo, espiritual o creativo.

La jerarquía de los arcanos menores

Los arcanos mayores dominan a los menores pero mantienen la misma potencia significativa entre ellos. El arcano número cinco, el Papa, es por lo tanto tan fuerte como el arcano 21, el Mundo. Esto no sucede en los arcanos menores, entre los que conviven diversas potencias. En efecto, el orden de precedencia jerárquica se usa en el reino del tarot al mismo nivel que en el del ajedrez. Así, es necesario considerar de forma continua la fuerza de los arcanos en cuestión para juzgar los efectos, como si se tratara de una escena ocupada por actores de los que usted tiene que definir los papeles principales y secundarios siguiendo el argumento que le venga a la mente. Esta jerarquía es natural, analógica y, por tanto, fácil de asimilar; reconstituye un sentido a los valores que, al menos por mi parte, no llega hasta una ética aplicable a la vida: sin embargo es posible pensar, con realismo, que este sentido jerárquico no está tan mal. En definitiva, sea usted un nostálgico de las jerarquías o un auténtico republicano, tendrá que aplicar estas prioridades en sus interpretaciones para poder explorar la identificación de los personajes, los actos o las situaciones proyectados. Así pues, es absolutamente necesario saber lo siguiente:

— los *arcanos mayores* no están sometidos a un código jerárquico, todos tienen el mismo valor; es decir, no existe ningún arcano mayor prioritario o más potente que otro;
— los *arcanos menores* están sometidos a una jerarquía severa; además de sus propios significados, pueden ampliar o disminuir el matiz principal de una tirada; de ahí la necesidad de aprender su orden jerárquico, que es el siguiente.

En la cima jerárquica tenemos, por orden de potencia, los *ases*, los *reyes*, las *reinas*, los *caballos* y las *sotas*; luego, descendiendo, las cartas *10, 7, 4, 8, 5, 9, 3, 6, y 2*. Esta jerarquía se respeta sea cual sea el palo afectado (bastos, copas, oros, espadas). Para familiarizarse con este orden vamos a poner algunos ejemplos muy prácticos de la vida sentimental y financiera para establecer, tal como lo hará usted luego, el orden de potencia de las situaciones que pueden plantearse posteriormente. Estos ejemplos no son válidos como definiciones rígidas; sirven únicamente para ilustrar el sentido jerárquico de los arcanos menores a través de los criterios con los que convivimos todos muy a menudo; los comentarios pueden interpretarse evidentemente en otros ámbitos. En el siguiente cuadro podrá observar el sentido decreciente de los valores jerárquicos según el arcano en cuestión.

Es posible aplicar estas analogías a los ámbitos específicos del propio entorno como una jerarquía de valores: en su vida social, su mejor amigo será rey, sus demás amigos serán caballos, sus conocidos sotas. En la vida profesional, su jefe será rey, el colega sota, su más directo colaborador caballo, etc. Sus propios criterios personales serán los que determinarán el lugar del rey y de los siguientes, incluso en consideraciones negativas como en las espadas: su rey será aquel al que tiene más miedo, su adversario, su rival, la sota no será más que una relación antipática, la reina una mujer capaz de traicionar o de hacerle daño,

Arcanos menores	As	Rey	Reina	Caballo	Sota
Vida afectiva	El hogar, el centro afectivo vital	El hombre de mi vida, el corazón	La amiga íntima, la confidente	Codicia, pequeño deseo	Conocimiento, relación banal
Vida financiera (oros)	El capital, las adquisiciones	El banquero, la fuente material	Mujer que ayuda, sostén	Ejecutivo, bancario	El taquillero

el caballo un personaje importante que puede perjudicarle, etc. Todo esto significa que no somos más que simples sujetos para aquellos que gobiernan el ámbito en el que nosotros actuamos; por lo tanto, todos nosotros tenemos un rey en algún lugar, positivo o negativo… Le será fácil transferir estas analogías a los ámbitos cotidianos de su vida si no pierde de vista que un rey… es más fuerte que un caballo, que este es más importante que una sota pero menos que una reina, etcétera. La escala de las intensidades relativas se expresará fácilmente en su espíritu, lo que tendrá como efecto revisar o reconsiderar sus propios valores existenciales en los ámbitos prácticos y privados inmediatos.

Lo mismo sucede en el caso de los arcanos menores siguientes, que ponen en escena hechos, gestos, causas y actos siguiendo un orden de intensidad que le gustará matizar, puesto que el tarot intuitivo es de todo menos binario. Cuanta más jerarquía en fuerza existe en una tirada, más nítido es el mensaje respecto a las posibilidades de realización; por ello es necesario que, con la ayuda de la experiencia, asimile la jerarquía del tarot.

Las analogías de los arcanos mayores

Presentamos a continuación una relación analógica de su sentido general. A través de situaciones esencialmente materiales y prácticas, podrá proyectarse con mucha facilidad en el arte de la analogía, que es un aspecto capital del tarot. No se deben tomar estas definiciones al pie de la letra sino intentar aplicarlas en ámbitos diversos, encontrarles un sentido a través de situaciones personales. Conseguirá alcanzar entonces un automatismo natural que le permitirá proyectar cada arcano mayor en posibilidades todavía inexploradas iluminando su juicio. Tiene que asimilar estos pocos arcanos mayores a sus múltiples definiciones analógicas e intentar alargar la lista utilizando otros ámbitos generales de su vida diaria (trabajo, barrio, empresa, agentes sociales, etc.).

ANALOGÍAS ENTRE ARCANOS MAYORES Y ÁMBITOS VITALES

Arcanos mayores	En la ciudad	En casa	En la vida social	En la salud
El Mago	Entrada principal	Galería o vestíbulo	Artesano,	Cerebro, cabeza, cráneo
La Papisa	Barrio comercial	Cocina, comedor	Tendero, carnicero	Sistema digestivo
La Emperatriz	Barrio de moda	Teléfono, ordenador	Medios de comunicación	Actividad cerebral
El Emperador	Barrio elegante, residencial	Salón, sofá	Director gerente, ejecutivos liberales	Hombros, torso, cuello
El Papa	Barrio estudiantil	Oficina, biblioteca	Profesor, terapeuta	Sistema oral, auditivo
La Justicia	Barrio Jurídico	Clasificación de los negocios	Abogado, policía	Sistema renal
El Ermitaño	Barrio de pensionistas	Tejado, armazón	Científico, asceta	Sistema óseo
La Fuerza	Barrio obrero	Bricolaje, caja de herramientas	Empleados	Sistema muscular
El Ahorcado	Barrio hospitalario	Botiquín	Enfermero, sacerdote	Sistema sanguíneo
La Muerte	Cementerio, incineradora	Baño, basura	Pompas fúnebres	Sistema excretor
La Templanza	Barrios periféricos	Pasillos, rellanos	Limpieza, ecología	Sistema arterial
El Diablo	Guetos, barrio problemático	Lugares íntimos, secretos	Médico, psiquiatra	Sistema reproductor
La Luna	Barrio popular	Dormitorio	Colectividades locales	Psiquismo, somatismo
El Sol	Estadio, plaza, escuela	Salas de juegos, balcón	Profesor, educador	Sistema cardiaco
El Mundo	Aeropuerto, estaciones	Entradas y salidas	Agencias de viajes	Sistema energético

Definiciones generales y analógicas de los 22 arcanos mayores

■ Los 22 arcanos mayores

El Mago

El primer arcano del tarot implica una noción de ímpetu, de novedad y de impulso, funciona como punto de relación entre el hecho ocurrido y el esfuerzo consecuente que se tiene que realizar como el inicio de algo que seremos capaces de acabar. Destaca la irrupción de una iniciativa o de un hecho prioritario que será necesario satisfacer para permitir cambiar o hacer progresar el curso de la situación.

El Mago representa también a actores[1] más bien jóvenes, espontáneos, activos, emprendedores y expansivos en su comunicación y que pueden jugar un papel primordial en el asunto personal tratado.

SENTIDOS ANALÓGICOS DIVERSOS (EL ARCANO MENOR
DE LA IZQUIERDA ILUMINA DIRECTAMENTE EL ÁMBITO INTERESADO)

• *Para un asunto familiar.* Nueva iniciativa o actitud poco habitual provocada por el personaje central influido por esta interrogación.

• *Para un asunto relacional.* Puesta en evidencia de una persona muy capaz de actuar, de desmarcarse de los demás o de asumir una importancia relativa en los hechos presentados.

---

1. Actores: personajes, individuos interesados por este tipo de arcano o por la pregunta planteada.

• *Para un asunto social y profesional.* Hecho nuevo que estaba en gestación provocado por la persona que tiene el mayor interés en la pregunta planteada o que se desmarca socialmente por su papel preponderante respecto a los intereses en juego.

• *Para un asunto material o financiero.* Acción, iniciativa o compromiso en suspenso que adoptará un valor primordial en relación con los intereses de la pregunta, lo que puede traducirse en un acto o en un personaje clave directamente relacionado con el ámbito interesado.

• *Para un asunto sentimental.* Oxigenación y ventilación de este ámbito; puede producirse un resurgimiento o alguna noticia… Puede tratarse de un encuentro, de una reconciliación, de un acercamiento a través de un compromiso personal del actor más interesado en sus propios intereses por la pregunta.

• *Para un asunto del comportamiento o psicológico.* Actividad, trastorno, nerviosismo y movilización de la persona interesada: nada está en su sitio, todo se mueve gracias a una reacción de carácter inminente. Resurgimiento, arranque y voluntad que se afirman sobre todo a través de una toma de conciencia.

• *Para un asunto de salud.* Renovación física, arranque psicológico que favorece la solución del problema en cuestión. Mejora, confianza en uno mismo, actitud saludable de revolución frente a los contratiempos físicos: determinación y estimulación hacia un nuevo equilibrio.

• *Para un asunto de tiempo.* Plazos bastante precipitados, rápidos e inminentes relacionados directamente con un acto primordial puesto que, en un asunto de tiempo, el Mago hace intervenir siempre a un compañero o a un protagonista activando la noción de plazos generalmente cortos.

La Papisa

Hablaremos a continuación sobre el arcano de la lógica y de la naturaleza. Instaura un clima fatalista y realista relacionado con los ciclos perpetuos y naturales como si no se pudiera actuar de otra forma puesto que la vida es así. Se centra en hechos en gestación que se concluirán gracias al sentido común, a la experiencia de la vida, a la madurez, a la sabiduría y a la paciencia. Se trata de un arcano cartesiano que inspira sin embargo al secreto, al saber que ha madurado y que implica la noción de consejo y de realismo natural que destruye el ámbito emocional mediante la irrupción de una fuerza de equilibrio y de serenidad.

La Papisa representa a actores en plena madurez, estables, experimentados y realistas, insiste mucho en el sexo femenino, en las madres de familia, en las personas de consejos fieles y tradicionales.

SENTIDOS ANALÓGICOS DIVERSOS (EL ARCANO MENOR
DE LA IZQUIERDA ILUMINA DIRECTAMENTE EL ÁMBITO INTERESADO)

• *Para un asunto familiar.* Gestación que se impone. El sentido familiar jugará un papel potente como una orden, una unidad, una lógica que vuelve con fuerza, los intereses en juego en la situación permanecen confinados sobre criterios esencialmente familiares. Es necesario cultivar la paciencia, el pragmatismo y la pasividad.

• *Para un asunto de amistad.* Disponibilidad, escucha y discernimiento del actor interesado, estabilidad y fidelidad emocionales, seguimiento o expansión progresiva de los lazos existentes. Inmovilismo que a veces permite probar, tomarse un tiempo de reflexión, calmar el ambiente o purgar las animosidades.

• *Para un asunto social y profesional.* Espera pero fecundidad de la situación. Criterios que faltan y que escapan totalmente a la voluntad del actor en cuestión pero gestación lenta que permitirá que la lógica se imponga. Credibilidad o experiencias psicológicas debidas a la paciencia y a la ponderación.

• *Para un asunto material o financiero.* Salvaguardia de los intereses gracias a una conducta inteligente, incluso expansión, adquisición o compromisos latentes que permitirán una consolidación de la situación. Apertura de intercambios fecundos que alían la razón y el interés.

• *Para un asunto sentimental.* Reciprocidad de los intereses afectivos, intercambios emocionales verdaderos, atracción pasiva o vivacidad latente de los sentimientos. Es necesario considerar este arcano como receptivo a las señales afectivas pero tomando un poco de distancia, paciencia e incluso desconfianza; la espera y la madurez parecen capitales.

• *Para un asunto del comportamiento o psicológico.* Actitud estereotipada del actor aludido poco interesado en los actos o en el compromiso. Se deja vivir con equilibrio y optimismo. Satisfacción general positiva, prioridades epicúreas y realistas, pasividad estratégica.

• *Para un asunto de salud.* Buen equilibrio general pero importancia de la alimentación en el metabolismo. Fluctuación de peso o sistema glandular sensible. Descanso, tranquilidad y serenidad.

• *Para un asunto de tiempo.* Plazos bastante lentos y tributarios de una gestación general. Se tiene que tener paciencia como si la cuestión no estuviera lo suficientemente madura o sujeta a criterios todavía no alcanzados. Por lo tanto, será necesario esperar una aportación de hechos suplementarios antes de poder concluir.

La Emperatriz

Arcano de contacto, de movimiento y de comunicación que pone en evidencia el mundo exterior y las relaciones. Encarna la apertura, voluntaria u oportuna, los intercambios humanos, el intelecto y el pensamiento a través de los debates, de las comparaciones y de la comunicación relacional. Es una llamada hacia los demás, hacia las oportunidades, hacia las aperturas marcadas por los intereses y hacia una cierta actividad marcada por los intercambios. La Emperatriz representa actores más bien jóvenes, muy contemporáneos, que se mueven mucho, que comunican, etc. Va a la par con la juventud, con el encanto, con la cultura, con el arte, con la moda, con las profesiones creadoras o independientes, con el futurismo y con el mundo audiovisual.

SENTIDOS ANALÓGICOS DIVERSOS (EL ARCANO MENOR DE LA IZQUIERDA ILUMINA DIRECTAMENTE EL ÁMBITO INTERESADO)

• *Para un asunto familiar.* Perspectiva de contactos o de intercambios positivos que provienen de la parte del actor más interesado en la cuestión. Buena accesibilidad relacional, disponibilidad favorable del exterior y fecundidad de las relaciones. Influye mucho en las visitas, en las invitaciones y en los reencuentros.

• *Para un asunto de amistad.* Interés evidente en un acercamiento gracias a una iniciativa que proviene del actor central de la interrogación: visita, cita o sugestión que mejorará los lazos ya existentes. Influye en la llegada de noticias o de correo, o bien anuncia contactos inminentes.

• *Para un asunto social y profesional.* Necesidad de un contacto, de una entrevista, de un movimiento que permita evolucionar a la situación. Buena escucha del exterior, disponibilidad que favorece una aproximación más concreta al término. Ambiente distendido, amical y oportunista.

• *Para un asunto material o financiero.* Necesidad de avanzar sobre vías evolutivas mediante el intercambio o la concentración. Aumento de las posibilidades latentes para llegar a nuevos resultados, ampliación de los datos materiales a través de la simple comunicación.

• *Para un asunto sentimental.* Apertura que favorece las charlas y los acuerdos claros. Indica reflexiones concertadas mediante un movimiento, un desplazamiento o un contacto físico. Disponibilidad fértil del actor aludido en la pregunta, alivio del clima emocional, inteligencia relacional.

• *Para un asunto del comportamiento o psicológico.* Influencia de las nuevas ideas, necesidad de exteriorizarse y de emitir sugestiones, puntos de vista y proyectos. Despertar psicológico que va hacia un sentido evolutivo, curiosidad, progresos intelectuales y arranque mental que favorece mucho el intercambio.

• *Para un asunto de salud.* Nuevas posibilidades terapéuticas, dominio de uno mismo por el libre albedrío o revelaciones morales personales benéficas para el comportamiento general. Vitalidad en aumento, necesidad de exteriorizarse, de romper con la rutina y con las obligaciones, renovación hacia un equilibrio sano.

• *Para un asunto de tiempo.* Plazos bastante rápidos que hacen intervenir un compromiso físico del actor principal con prontitud y determinación. Movimientos breves inminentes, plazos cortos que no superan generalmente los tres meses sobre todo si están repletos de intercambios y de citas.

El Emperador

Potencia y plenitud, resolución y fuerza de conclusión basados esencialmente en las experiencias sociales y materiales, poder de decisión importante pero que estará siempre relacionado con los intereses directos o con las repercusiones inmediatas del compromiso interesado. Se trata de un arcano cartesiano y epicúreo que favorece el esfuerzo hacia la estabilidad, el crecimiento, la consolidación social, la acumulación material o la ambición social. Influye en lo que es constructivo, racional, rentable y socialmente explotable. Representa actores maduros, socialmente bien establecidos, relacionados con el mundo comercial, liberal, de los negocios o político. Encarna también a los que gestionan, dirigen, deciden, fructifican y prosperan.

SENTIDOS ANALÓGICOS DIVERSOS (EL ARCANO MENOR
DE LA IZQUIERDA ILUMINA DIRECTAMENTE EL ÁMBITO INTERESADO)

• *Para un asunto familiar.* Estabilidad de los puntos de vista, actitud estereotipada sobre los intereses en juego del actor en causa, firmeza y constancia del comportamiento centrado en las relaciones de fuerza inclinadas invariablemente hacia los intereses familiares. Consolidación de las experiencias y de los valores en este ámbito.

• *Para un asunto de amistad.* Comportamiento pasivo pero determinado del actor en cuestión, espera y serenidad que conforta sus propios valores y adquisiciones. Rigor en la comunicación basada en criterios esencialmente racionales. Credibilidad que se debe demostrar o desventaja moral que hay que suprimir.

• *Para un asunto social y profesional.* Destaca un actor potente, de una jerarquía directa o de una autoridad que influye en el ámbito afectado. Apoyos sociales o credibilidad fácil en el caso de arcanos menores positivos o, en el caso contrario, barreras jerárquicas y bloqueos sociales.

• *Para un asunto material o financiero.* Influencia de un actor muy interesado por los intereses en juego o susceptible de serlo; la pregunta encuentra aquí su terreno predilecto en un sentido de acción o de conclusión constructiva y rápida sobre todo si los arcanos menores aclaran esta perspectiva.

• *Para un asunto sentimental.* Lógica y sentido común intervienen en el corazón de la interrogación: una relación de fuerza pasiva puede llegar a inmiscuirse implicando una madurez de la situación. El compañero o el actor aludido se conforman esencialmente con sus prerrogativas actuales.

• *Para un asunto del comportamiento o psicológico.* Perseverancia o comportamiento tenaz mantenido sobre bases ya bien situadas que no favorecen el replanteamiento o el cambio de comportamiento. El clima se encuentra en la estabilidad, en la pasividad lúdica o en la abnegación egoísta, o incluso en el egocentrismo total.

• *Para un asunto de salud.* La fuerza y el equilibrio se recuperan, la voluntad se impone para la emergencia de los intereses cruciales del actor interesado. Eficacia terapéutica o dominio médico benéficos para el desarrollo, el optimismo y el realismo que somatizan favorablemente el estado general.

• *Para un asunto de tiempo.* Plazos entre medios y largos, idea de tiempo que depende únicamente de la accesibilidad a condiciones benéficas o a un clima materialmente más propicio para una finalidad. Noción de tiempo que depende también del entorno socioprofesional del interesado.

El Papa

Entramos en el mundo de la equidad, de la razón, de la inteligencia y de la sabiduría.

Este arcano inclina mucho al progreso y al acercamiento humano a través de la conciliación, del entendimiento concertado, de la negociación y de la comprensión psicológica. Influye en el conocimiento, en la erudición, en el estudio, en los esfuerzos intelectuales y espirituales implicando fe y ética en todo lo que toca. Lo encontramos a menudo en las situaciones en las que la orientación moral y el consejo serán necesarios anulando cualquier idea instintiva de impulsividad o de imposición de la fuerza. Representa a actores bastante maduros que guían a los demás hacia una fe o una moral: los profesores, los religiosos, los profesionales de la justicia, los terapeutas, los consejeros, los diplomáticos y filántropos, etc.

• *Para un asunto familiar.* La razón y el acuerdo favorecen el equilibrio y la evolución de la situación. La comunicación será preponderante en la forma de tratar la cuestión; sabiduría y conciliación parecen activar la salida. Reconocimiento saludable de las propias necesidades y de las de los demás.

• *Para un asunto de amistad.* Voluntad hacia la apertura psicológica en lo que se refiere al actor más interesado por los hechos: escucha, disponibilidad y discernimiento favorecidos; discusiones y comentarios que evitan los criterios de interés, importancia de las consideraciones humanas y morales en el cumplimiento de una resolución. Razonamiento y benevolencia excepto cuando se trata de arcanos menores de espadas.

• *Para un asunto social y profesional.* Perspectivas de negociación, de acuerdo o de intercambios de intereses que favorecen una mejora e incluso la liberación de un impedimento, de una duda o de un obstáculo. Tentación profesional considerable, oportunidad que se debe estudiar o reactivación que es necesario activar.

• *Para un asunto material o financiero.* Clima de resolución y de cambio, criterios morales benéficos para la instauración de confianza, de credibilidad o de consideración frente a la cuestión en causa. Actor principal disponible para el juicio y para una buena apreciación de la situación.

• *Para un asunto sentimental.* Apertura afectiva favorable, discernimiento y asimilación de los datos nuevos, disponibilidad y sabiduría benéficos para las aproximaciones o las reconciliaciones. Explicaciones y justificaciones latentes, consolidación de los lazos afectivos sobre todo con los arcanos de copas.

• *Para un asunto del comportamiento o psicológico.* Toma de consciencia, revelación o sabiduría que se recupera, el actor principal reconsidera su comportamiento o sus necesidades. Buena intervención de un consejo, de una guía o de una influencia moral sobre una eventual evolución.

• *Para un asunto de salud.* Periodo de diagnósticos, de investigaciones médicas, de consultas o de balances que permiten un buen dominio de la situación. Buenos efectos de un tratamiento, de una terapia o de una actuación física sana sobre el metabolismo. Relajación, descanso y sabiduría.

• *Para un asunto de tiempo.* Plazos medios o largos que dependen de una madurez de apreciación o de un estado de espíritu conforme a la comprensión de la situación. El criterio de tiempo estará sujeto por tanto a metamorfosis mentales necesarias y saludables.

Los Amantes

Este arcano rige la indeterminación y la indecisión en un clima de tentación: las oportunidades y las salidas son concretas pero faltan completamente el libre albedrío, la resolución y el juicio. Se trata del arcano de la duda, de la irresolución y del sonido más encantador del canto de las sirenas que instaura una atmósfera de duda: se trata de una elección que debe hacerse ante solicitudes diversas que favorezcan las decisiones poco determinadas. Alejamiento de lo esencial para dejar lugar a lo fútil, a los criterios secundarios, a las influencias interesadas, a la ansiedad y al desequilibrio que ganan por la mano a la confianza en uno mismo. Representa a los actores generalmente inmaduros ante la situación dada, volubles, que dudan ante el riesgo, que no cumplen sus compromisos, que se dispersan o que no tienen juicio.

SENTIDOS ANALÓGICOS DIVERSOS (EL ARCANO MENOR
DE LA IZQUIERDA ILUMINA DIRECTAMENTE EL ÁMBITO INTERESADO)

• *Para un asunto familiar.* Estancamiento o irresolución del problema en cuestión, inexistencia de libre albedrío o ruptura del compromiso por parte del actor aludido. Preocupaciones debidas a la inconsecuencia de una persona que delimita mal sus intereses o influida negativamente sobre todo con los arcanos de espadas o de copas.

• *Para un asunto de amistad.* Actor principal influible y vulnerable marcado en cuanto a solicitudes o consejos externos que le proyectan hacia la expectativa y hacia la duda. Compromiso difícil por falta de puntos de referencia morales o por el comportamiento desconcertante e inestable del actor en cuestión.

• *Para un asunto social y profesional.* Dudas ante una elección, falta de criterios fiables pero posibilidades de acuerdo sobre todo con arcanos de bastos y de espadas. Se tienen que prever retrasos o indecisiones; falta de seguimiento o desconsideración inconsciente del problema.

• *Para un asunto material o financiero.* Intereses mal percibidos o riesgos mal valorados: nos encontramos ante una elección mal definida o que puede llevar a errores. Riesgo de influencia externa interesada y derivada de las utilidades o de las ganancias latentes. Abuso o traición sobre todo con arcanos de espadas y de copas.

• *Para un asunto sentimental.* Indeterminación o lasitud del actor aludido, que se esparce o mariposea huyendo del compromiso personal o de la responsabilidad. Disolución de las esperanzas, rencores o desilusión que se desprende de un clima emocional negativo que será más moderado con los arcanos de copas.

• *Para un asunto del comportamiento o psicológico.* Inconstancia de carácter, ansiedad o incoherencia del comportamiento del actor interesado: imposibilidad de moderación o de aproximación constructiva. Trastornos nerviosos e impulsos que favorecen los errores, las negligencias y las animosidades.

• *Para un asunto de salud.* Con arcanos de espadas, trastornos nerviosos o agresividad contenida que favorece los excesos de todo tipo; recuperación deficiente y modo de vida inconstante. Con otros arcanos menores, mala solución del mal, mal diagnóstico o patologías cambiantes.

• *Para un asunto de tiempo.* Plazos generalmente cortos pero sacudidos por nuevos impulsos, fragmentos de realización o de resultados incompletos. Tiempo tributario de un acabamiento final muy mal definido.

El Carro

Se trata del mundo de la apertura y de la exteriorización que se desprende de dos posibilidades: de la oportunidad pura que viene de las solicitudes, de la suerte, o de la iniciativa personal que fuerza un paso exterior que no tendría lugar sin este compromiso. Se dibuja un ascendente sobre los demás por el acto, por la proyección sugestiva de un deseo o por la comunicación transmitida por el interés personal; la iniciativa está orientada hacia el exterior en busca de una ampliación de las posibilidades o de perspectivas de expansión.

Este arcano influye también en los desplazamientos, en los viajes cortos, en las llegadas y en las salidas. Representa a actores emprendedores, inversores, que triunfan proyectando su voluntad sobre los demás.

SENTIDOS ANALÓGICOS DIVERSOS (EL ARCANO MENOR DE LA IZQUIERDA ILUMINA DIRECTAMENTE EL ÁMBITO INTERESADO)

• *Para un asunto familiar.* Aproximación positiva del sujeto interesado por una gestión activa que emana del actor aludido; el acuerdo y el entendimiento se ven favorecidos, se derivan perspectivas de un viaje, de una visita, etc. Sugerencias nuevas que se tienen que tomar en consideración sobre todo con arcanos de bastos.

• *Para un asunto de amistad.* Encuentro amistoso o acercamiento mediante una invitación, una ceremonia o un acontecimiento agradable: actor principal que tiende a comunicar, a consolidar lazos o a exteriorizarse a través de un acto de apertura. Con copas, las amistades se intensifican o se concretan.

• *Para un asunto social y profesional.* Gestión o trámite que parece necesario y favorable, buena acción sobre los demás o conocimientos especializados que aportan sus frutos. Buena estimación de los resultados de una iniciativa, argumentos o nuevas aportaciones creíbles. Satisfacciones con bastos y oros.

• *Para un asunto material o financiero.* Apertura basada en una buena evaluación o aproximación del sujeto en cuestión. Concreción favorecida por la iniciativa personal del actor aludido o gestión juiciosa que aporta nuevos medios o disponibilidades sobre todo con bastos y oros.

• *Para un asunto sentimental.* Actor principal receptivo o disponible para una gestión o una aproximación, reciprocidad del deseo en cuestión o aspiraciones conformes a los resultados perseguidos. Con arcanos de copas potentes, éxito afectivo en vistas o reafirmación de un contacto mediante un viaje.

• *Para un asunto del comportamiento o psicológico.* Buen equilibrio moral del actor aludido o disponibilidad para mejorar las relaciones exteriores o privadas. Accesibilidad moral directa, lazos psicológicos que pueden consolidarse mediante una aproximación. Mejora u optimismo con copas.

• *Para un asunto de salud.* Investigaciones médicas o terapéuticas favorecidas, estimación del problema facilitado por una aproximación inteligente o concertada. Mejora del estado físico del actor interesado a través de una responsabilidad espontánea. Curación sobre todo con arcanos de bastos.

• *Para un asunto de tiempo.* Plazos tributarios de una iniciativa capital sugerida por la necesidad en cuestión: tiempo limitado a corto plazo si la acción está iniciada, limitada a medio plazo si la acción está latente. Noción de tiempo generalmente favorable a los acontecimientos en curso gracias al aspecto positivo de este arcano.

La Justicia

Responsabilidades, deberes y obligaciones que se desprenden de este arcano que encarna una austeridad realista fiel a la imagen de nuestros compromisos: empuja hacia la conclusión forzada de un orden si está inacabado o inevitablemente hacia su cumplimiento si es evitado. Se trata de un arcano de la sobriedad moral y del juicio que interviene cuando la razón se debilita para resaltar una lógica inflexible que se tendrá que seguir o frente a la cual será necesario someterse tanto por las buenas como por las malas.

Encarna la razón, el orden, la fuerza de la justicia y bloquea las irresponsabilidades, las conductas distintas, las negligencias y las cobardías en cuanto al comportamiento.

Representa a actores que controlan, que regulan, que responsabilizan, investidos de una misión legal u oficial, los profesionales de la justicia, de la autoridad, las personas leales, los que no desvían en ningún caso su misión.

• *Para un asunto familiar.* Dificultades de carácter que implican una puesta a punto energética, litigios que se preparan en silencio y que suscitan un arbitraje o acuerdos austeros para aclarar una situación. Procedimientos o gestiones legales que necesitan una opinión unánime, replanteamientos u objeciones que provienen de un tercero.

• *Para un asunto de amistad.* Revelación brutal de un hecho, de una actitud o de un sentimiento que necesita explicaciones y confrontaciones: el actor principal se centra en argumentaciones o en declaraciones firmes. Necesidad de una aclaración moral o de un cambio de orientación en lo relativo a la salud.

• *Para un asunto social y profesional.* Contacto o entrevista que puede parecerse a un balance, a un análisis de la situación o incluso a un procedimiento rutinario. Con bastos, evaluación de los medios y de las condiciones; sanciones o reprimendas con espadas; consideraciones con copas.

• *Para un asunto material o financiero.* ¡Importancia del sujeto en cuestión! Elaboración legal y oficial de la iniciativa del actor principal, gestiones o procedimientos que aspiran a un compromiso real bajo control oficial. Intereses financieros, capitales en juego, inversiones con oros o bastos.

• *Para un asunto sentimental.* Enfrentamiento saludable, comunicación austera o contactos tensos, ambiente emocional tenso, amenazas o presiones morales graves. Morosidad y rigor salvo con copas. Riesgo de disputa o de ruptura con espadas.

• *Para un asunto del comportamiento o psicológico.* Para el actor principal, toma de conciencia o despertar psicológico que instaurará rigor y saneamiento moral. A veces, autocastigo, autoprotección o escrúpulos tenaces. Con espadas, oros y bastos, comportamiento excesivo.

• *Para un asunto de salud.* Balances o terapias necesarias, consideración terapéutica del problema interesado o investigaciones médicas rigurosas. Para el actor principal, sujeción a una obligación, a una ética o a un comportamiento. Con espadas, tratamientos médicos radicales.

• *Para un asunto de tiempo*. Plazos siempre largos y tributarios de vencimientos difíciles de dominar, madurez de la situación en causa capital en la evaluación de tiempo. Plazos a menudo estipulados por hechos crónicos o voluntariamente previstos y datados.

El Ermitaño

Se trata de un arcano de supresión e inaugura el gran ámbito de la conciencia y de la reflexión. Aquí empieza la interiorización, la vida interior y el mundo de la reflexión a través de sus armas más corrientes: soledad, sobriedad, concentración y esfuerzos de larga duración. Además de estas virtudes, este arcano aporta un clima de reflexión, de restricción, de bloqueos y de retrasos como la congelación de la impulsividad y de la irresolución. Favorece la ascesis, el intelecto, la perfección intelectual pero también el coraje, el realismo, el sacrificio y la potencia de razonamiento. Representa generalmente a las personas ancianas, a las personas solas o sin recursos, a los solteros o viudos, a los médicos, a los científicos, a los técnicos cualificados, a las personas reflexivas, cartesianas, a los que trabajan por una causa, por una vocación o por un sacerdocio.

SENTIDOS ANALÓGICOS DIVERSOS (EL ARCANO MENOR
DE LA IZQUIERDA ILUMINA DIRECTAMENTE EL ÁMBITO INTERESADO)

• *Para un asunto familiar*. Restricciones morales o materiales, o enfermedad; desestabilización de la salud en un miembro de la familia. Para el actor interesado, supresión moral, abnegación u opiniones completamente estereotipadas. Bloqueo de un clima, de una situación o retrasos y esperas necesarios.

• *Para un asunto de amistad*. Frialdad de contacto o alejamiento moral del actor aludido que aparentará prudencia, distanciamiento o rechazo del sujeto interesado. Comunicación poco favorable, nulo desinterés o reciprocidad de los deseos. Dificultades relacionales, mala voluntad de comunicación, soledad.

• *Para un asunto social y profesional*. Contacto con una jerarquía o una autoridad en relación con el sujeto interesado. Actor principal creíble o susceptible de serlo por su compromiso o su interés en la cuestión. Gestiones o acuerdos rigurosos pero necesarios.

• *Para un asunto material o financiero.* Bloqueo, retrasos o graves replanteamientos del sujeto material interesado tanto por su impotencia como por un potente antagonismo. Rigor que se impone, obstáculos diversos o periodo de regresión en perspectiva. Inversión con oros.

• *Para un asunto sentimental.* Arcano contrario a cualquier sentimentalismo: soledad y realismo, desuso emocional o alejamiento afectivo latente. Para el actor aludido: intereses que ganan la partida a la pasión, frialdad e intransigencia sentimental que se debe considerar.

• *Para un asunto del comportamiento o psicológico.* Abnegación y repliegue sobre sí mismo, soledad admitida o voluntaria, tozudez psicológica o encierro moral difícil de superar. El actor aludido se obstina en una incomunicación, en una desconfianza negativa, en un egoísmo furioso o en un rechazo general.

• *Para un asunto de salud.* Arcano contrario a la salud a causa de los comportamientos morales negativos, del clima depresivo y del pesimismo generalizado que suscita. Salud que decae, problemas alimentarios o restablecimiento que se hace esperar. Estado moral inseguro que no permite el arranque psicológico.

• *Para un asunto de tiempo.* Plazos entre largos y muy largos. Este arcano, que representa en sí mismo el tiempo, no favorece en mucho la prontitud y la rapidez. Aporta generalmente un universo carcelario a los plazos, un bloqueo del tiempo, debido a su dominio y a su buena intención.

La Rueda de la Fortuna

Nos encontramos sencillamente en el arcano del destino... famoso azar o fatalidad según los casos. Se trata del arcano del cambio que instaura una redistribución de los datos ampliando considerablemente las posibilidades y el desarrollo. Rige evidentemente las oportunidades que implican cualquier consideración o explotación del ámbito interesado con connotaciones generalmente positivas que favorecen las aclaraciones, los desenlaces o las oposiciones de circunstancias imprevistas. La Rueda de la Fortuna provoca un clima de decisión y de compromiso en un sentido lógico e interesado como si el azar, la suerte o la fortuna intervinieran para cambiar y a veces concluir una situación. Representa lo inesperado, los hechos diversos, los actores inestables, fatales, los que tienen suerte, los que tienen un destino particular debido a modificaciones de vida incesantes.

Sentidos analógicos diversos (el arcano menor de la izquierda ilumina directamente el ámbito interesado)

• *Para un asunto familiar.* Modificaciones de las condiciones de la cuestión, hechos o actos que intervienen en favor de un cambio e incluso de un desenlace cercano. Menos con espadas, acuerdos o iniciativas inesperadas que permiten concluir, revisión constructiva de una situación.

• *Para un asunto de amistad.* Actor principal que se mueve, que se desplaza, que comunica o activa lo que estaba latente. Noticias o contactos a corto plazo con bastos y copas, modificaciones latentes de un estado de hecho con oros y espadas. Fatalidad o azar que interviene para activar una situación.

• *Para un asunto social y profesional.* Modificaciones de condiciones y de estado de las cosas por la intervención de un hecho, de una decisión o de un vencimiento crucial. Con bastos, desenlace latente, que será todavía más positivo con copas; problemas con espadas.

• *Para un asunto material o financiero.* Hechos latentes que intervienen para concluir o reactivar la cuestión en causa: perspectivas favorables con oros y bastos, apremiantes con espadas y neutras con copas. Decisiones o compromisos que deben tomarse a corto plazo por el actor aludido.

• *Para un asunto sentimental.* Encuentro cercano o golpe de suerte afectivo para el actor principal sobre todo con copas. En caso contrario, hechos, actos y gestos que activan el clima sentimental, constructivos con oros y bastos, agresivos o impulsivos con espadas.

• *Para un asunto del comportamiento o psicológico.* Actor principal que se mueve, activa o modifica un estado del comportamiento con riesgos, proezas u oportunidades forzadas. Despertar moral o revelaciones psicológicas saludables, liberación de obligaciones o de complejos, emancipación.

• *Para un asunto de salud.* Mejora de un clima físico para la transformación radical de su visión: nueva responsabilidad personal o exterior saludable, estrategia terapéutica eficaz o arranque benéfico que permite una estabilización psicológica optimista. Si se trata de copas, curación.

• *Para un asunto de tiempo.* Plazos entre cortos y muy cortos; a la Rueda de la Fortuna no le gusta el tiempo que pasa, activa más bien rápidamente las cosas como si estuvieran colgadas de un hilo. Se trata de un arcano inminente, acuciante e inesperado que no permite fijar plazos debido a su fuerza.

La Fuerza

Este arcano rige un gran ámbito en el que reina la energía. La Fuerza rige la voluntad allí donde puede aplicarse, tanto en lo físico como lo social, afectivo o moral. Simboliza la energía necesaria para llevar a cabo una acción, una energía en potencia o que será necesario solicitar. Coraje y esfuerzos se aliarán para llevar a cabo una tarea, una especie de cumplimiento basado en el impulso del deseo, de la pasión, de la cólera o simplemente de lo necesario. Se trata de una voluntad basada en la conclusión de un objetivo, en la satisfacción de un deseo o en la consagración de una prueba. Representa a actores maduros, activos, emprendedores, creadores, directos y francos, los que mandan, los líderes, así como a personas impulsivas, espontáneas, nerviosas, deportistas o guiadas por una fuerte ambición.

SENTIDOS ANALÓGICOS DIVERSOS (EL ARCANO MENOR
DE LA IZQUIERDA ILUMINA DIRECTAMENTE EL ÁMBITO INTERESADO)

• *Para un asunto familiar.* Resolución de una situación que tiene que pasar por la energía, el realismo o la acción pura y simple. Voluntad que se debe instaurar cueste lo que cueste o iniciativa capital para la cuestión en espera; actor principal que tiene que moverse y tomar decisiones y actuar. Con bastos, claros a la vista.

• *Para un asunto de amistad*. Clima de iniciativas o de concreciones: actor aludido que está a punto de comprometerse activamente o con franqueza en una necesidad relacional. Buen entendimiento amical con copas y bastos, proyectos a corto plazo con oros, pequeñas discusiones con espadas.

• *Para un asunto social y profesional*. Iniciativa importante que permite replantear la posición socioprofesional del actor aludido, consecuencias favorables con bastos y oros, más mitigadas con copas y que necesitan grandes esfuerzos con espadas. Obstáculo que puede ser superado.

• *Para un asunto material o financiero*. Esfera de influencia enérgica orientada hacia una conclusión o hacia un resultado: actor principal que se consagra hacia un compromiso, un debate o el esclarecimiento de una situación. Desenlace material positivo con oros y copas, más fuerte con bastos y espadas.

• *Para un asunto sentimental*. Vivacidad de los sentimientos, atracción física o deseo que se despierta para el actor aludido: relación cercana con copas, conversaciones o aproximación con bastos, clima afectivo estancado con oros. Con espadas, tensiones, reproches o litigios latentes.

• *Para un asunto del comportamiento o psicológico*. Impulsividad del comportamiento o rebelión frente a una coacción o un yugo: actor aludido que reactiva firmemente su posición orientada hacia iniciativas que serán enérgicas con espadas, oros y bastos, y que no tendrán fuerza con copas.

• *Para un asunto de salud*. Terapia radical o necesidad de actuar en un sentido brutal sobre todo con espadas. Sobresalto o reacción que puede ser saludable con copas y tendencias al sufrimiento y al estancamiento físico con oros y bastos.

• *Para un asunto de tiempo*. Plazos generalmente cortos y tributarios de un hecho que activa a continuación una especie de cronometraje relativamente rápido. Se trata de un arcano en cierta medida brutal y espontáneo que corta el tiempo en fragmentos breves hasta las posibilidades de acabamiento.

El Ahorcado

La Fuerza y el Ahorcado se encuentran en las antípodas. Aquí no encontramos ni energía ni voluntad, entramos en cambio en el reino del sufrimiento, admitido, asumido o brutal, involuntario e inopinado. Este arcano rige la impotencia en todos sus matices de intensidad: indeterminación, debilidad moral, dejadez y falta de coraje y de compromiso, resignación y sumisión a una fuerza que es insumisa. Además de estos matices negativos, este arcano gobierna un ámbito emocional positivo en el que se alojan la humildad, la esperanza, la fe, el sentido del sacrificio constructivo, la generosidad y la creación artística. Representa a actores desafortunados o débiles, que no tienen voluntad, ingenuos y engañados, personas enfermas, depresivas, etc. Caracteriza también a personajes generalmente desprovistos de oportunidad y de suerte.

Sᴇɴᴛɪᴅᴏs ᴀɴᴀʟóɢɪᴄᴏs ᴅɪᴠᴇʀsᴏs (ᴇʟ ᴀʀᴄᴀɴᴏ ᴍᴇɴᴏʀ
ᴅᴇ ʟᴀ ɪᴢQᴜɪᴇʀᴅᴀ ɪʟᴜᴍɪɴᴀ ᴅɪʀᴇᴄᴛᴀᴍᴇɴᴛᴇ ᴇʟ Áᴍʙɪᴛᴏ ɪɴᴛᴇʀᴇsᴀᴅᴏ)

• *Para un asunto familiar.* Clima desfavorable a la comunicación, a la unidad familiar o a un acuerdo. Problema de comportamiento o moral negativa del actor aludido, mala fe o negligencias penosas, estancamiento de una situación. Con espadas, problema depresivo o de salud.

• *Para un asunto de amistad.* Confusión relacional o comportamiento huidizo e incierto del actor aludido. Traición, alejamiento o desconsideración de una relación, decepción y desilusión cercanas. Con copas, amargura y nostalgia, con oros y bastos, proyectos abandonados o falta de delicadeza.

• *Para un asunto social y profesional.* Espera, retrasos o posibilidad de fracaso que pueden obligar a una consideración total del sujeto aludido. Mala comunicación o actor principal que no asegura sus obligaciones o compromisos. Con espadas, grandes tensiones profesionales.

• *Para un asunto material o financiero.* Riesgos de errores acrecentados referentes a sus propios intereses, mala apreciación de una situación o de un problema, tendencia a los abusos, traiciones o desengaños en relación con el sujeto interesado. Con oros, gastos imprevistos.

• *Para un asunto sentimental.* Dudas, miedos o desilusiones que instauran un clima nebuloso que no permite ninguna aclaración, divergencias de intereses que implican replanteamientos penosos. Con espadas potentes, se anuncia una ruptura, una traición o desengaños sentimentales diversos.

• *Para un asunto del comportamiento o psicológico.* Actitud prudente, dubitativa, confusa o claramente misteriosa e incoherente que alude al actor principal de la cuestión. No permite una buena comunicación ni franqueza y realismo en las relaciones humanas. Dualidad y secretos.

• *Para un asunto de salud.* En el ámbito moral, estado depresivo o ansioso que no favorece la propia responsabilidad. En el ámbito físico, mal que se incuba y que es difícil de curar, de localizar o de diagnosticar. Con espadas, miedos fundados, errores terapéuticos o empeoramiento del estado general.

• *Para un asunto de tiempo.* Plazos generalmente largos que dejan la apreciación del tiempo sin ningún criterio ni punto de referencia. Este arcano representa sobre todo periodos, fases transitorias o estaciones del comportamiento que pueden ser largas puesto que el estado de ánimo que se desprende de él marca principalmente la duración.

La Muerte

Rige el ámbito de las transformaciones, puede implantarse en todas las situaciones en las que algo viable o existente puede llegar a no ser como antes. Representa tanto la muerte física como la de una situación, la de un sentimiento, la de un deseo, la de un proyecto, etc. No es necesariamente negativa, indica una evolución inexorable en el ámbito en cuestión que puede ser tanto fatal como reconstructiva. Este arcano incluye también una noción de renovación a través de sufrimientos, dudas, resistencia o ilusión puesto que no permite jamás ver o comprender lo que quiere instaurar al final. Representa a actores llamados a realizar grandes cambios, se refiere a trastornos, a personas solas o viudas, a los negocios relacionados con la herencia o con el patrimonio, a las enfermedades fatales, los duelos, las desapariciones, los peligros y los accidentes.

• *Para un asunto familiar*. Algo tiene que cambiar a la fuerza en la situación del actor aludido: trastorno o cambio brusco e ineluctable de la salud. Con espadas, conflictos que empeoran o rupturas latentes. Con copas, penas; con oros, divergencias financieras.

• *Para un asunto de amistad*. Clima relacional que tiende hacia una ruptura, un eclipse o un trastorno radical sobre todo con espadas. Lo que era habitual cambia; alejamiento, silencios o divergencias que pueden llegar a ser fatales. Con copas, tensiones emocionales, traición o desilusión.

• *Para un asunto social y profesional*. Fracaso, desilusión u obstáculo mayor para el actor en cuestión: dificultades puestas en evidencia que obligan a la estrategia radical o a los replanteamientos saludables. Salvo con copas, situación que puede volverse precaria o trastornos importantes.

• *Para un asunto material o financiero*. Evidencia de un capital o de un derechohabiente en juego que interesa al actor en cuestión. Influye en ventas, inversiones, liquidaciones de derechos, etc., sobre todo si los oros están presentes. Con espadas, litigios latentes; con copas, riesgo de estafa.

• *Para un asunto sentimental*. Desilusión afectiva latente posible sobre todo con copas y espadas; replanteamientos en las condiciones generales o en los proyectos del actor principal con oros y bastos. Clima emocional tenso, miedos, litigios e incluso rupturas.

• *Para un asunto del comportamiento o psicológico*. Incoherencia o impulsividad de un comportamiento relacionado con la cuestión, constataciones o revelaciones que pueden trastornar criterios personales o relacionales. Puede conducir a la autodestrucción, la abnegación o la testarudez radical de una actitud.

• *Para un asunto de salud*. Influye generalmente en empeoramientos de salud, recaídas, periodos depresivos o de investigación médica. Sean cuales sean los arcanos menores implicados, este arcano no señala nada bueno, por lo menos en el sentido de una mejora de salud o de una curación.

• *Para un asunto de tiempo.* Plazos medios o largos que dependen del ciclo «inicio y fin», es decir de vencimientos muy radicales en el camino que sigue la situación. Los puntos de referencia de tiempo pueden estar basados en el inicio de un hecho, en su transición existencial, en su final y luego en su renovación, como balizas temporales que pueden desarrollar plazos globales.

La Templanza

Tal como indica su nombre, este arcano mayor rige la templanza, dotando de un clima constructivo de espera y de reflexión a cualquier situación.

Es un arcano muy psicológico que implica un periodo de reflexión saludable que favorece la fecundidad y la madurez que faltan para la evolución de un equilibrio: relajación y pasividad que alimentarán la maduración necesaria para cualquier evolución de una situación. Se trata de la aplicación de una fase transitoria que desactiva lo que está en curso, dejando en suspenso prioridades y urgencias para favorecer sus progresiones a través de la sabia consolidación del tiempo. Representa a los actores que poseen virtudes tales como la tolerancia, el altruismo, la generosidad humana, y el sentido de la amistad fiel. Rige a aquellos que comunican, que viajan, que innovan, que proyectan y que se emancipan.

SENTIDOS ANALÓGICOS DIVERSOS (EL ARCANO MENOR
DE LA IZQUIERDA ILUMINA DIRECTAMENTE EL ÁMBITO INTERESADO)

• *Para un asunto familiar.* Clima general que mejora, lógica y sentido común que se imponen, mejor comprensión o sensibilización positiva que permiten un progreso. Actor aludido que necesita tiempo, madurez, reflexión o retroceso psicológico. Con copas, proximidades afectivas.

• *Para un asunto de amistad.* Acentuación benéfica de la vida amistosa a través de una consolidación de los lazos existentes o a través de un acercamiento nuevo favorable. Intercambios amistosos o iniciativa que tiene como objetivo un contacto próximo sobre todo con copas, oros y bastos. Con espadas, contactos y proyectos anulados.

• *Para un asunto social y profesional.* Situación del actor principal que realizará una evolución a término, es decir, al final de un periodo determinado o de un vencimiento definido. Mejora progresiva de las condiciones generales, mejor comunicación y contactos humanos favorecidos.

• *Para un asunto material o financiero.* Influencia de la prórroga o del aplazamiento de decisiones gracias a la necesidad de una reflexión, de una espera o de una maduración general. Dificultad en la elección, en la determinación o en el compromiso por falta de deliberación, de libre albedrío o de discernimiento.

• *Para un asunto sentimental.* Acuerdos, intercambios de ideas o eliminación de un problema, de una molestia, de un malestar afectivo, etc. Actor aludido sensible a la idea de progreso, de comprensión, de acercamiento o de cambio del comportamiento. Con copas, influencia en los desplazamientos y en las visitas.

• *Para un asunto del comportamiento o psicológico.* Actitud pasiva que favorece la reflexión o los replanteamientos, mejora del comportamiento lenta pero tributaria de la gestación mental en curso. Mejor discernimiento de las causas, de los efectos y de las actitudes, paciencia constructiva y razonamiento.

• *Para un asunto de salud.* Mejora general que puede ser alimentada por un discernimiento más sano del problema en cuestión. Despertar progresivo que permite tomar la distancia psicológica necesaria para adquirir un dominio de sí mismo y para la aplicación de una disciplina o de una terapia eficaz.

• *Para un asunto de tiempo.* Plazos generalmente largos que implican una gestación necesaria que no permite datar o situar los plazos de tiempo salvo cuando llegan a su fin. Afecta también a periodos transitorios que van desde el inicio del despertar, de una toma de consciencia hasta sus efectos sobre el terreno, es decir, sus aplicaciones concretas en la vida de cada día.

El Diablo

Entramos en el ámbito de los instintos y en el de las pulsiones emocionales procedentes de nuestra personalidad profunda reflejada por el Diablo, el arcano número quince del tarot. Representa todo lo que tenemos de abstracto, inconscientemente escondido, que surge de nuevo bruscamente en cuanto ciertas condiciones lo permiten: agitación interior, violencia interiorizada, odio, venalidad, deseos pasionales, envidia, celos, necesidad de dominio, sensualidad ardiente, etc., que nos sumergen en los meandros incontrolables del instinto de supervivencia o de posesión.

Se trata de un arcano que hace intervenir una esclavitud emocional que aniquila nuestro juicio debido a la prioridad tiránica de los instintos que sumergen cualquier idea de paz y de razonamiento. Este arcano representa los enemigos en la sombra, los peligros y los riesgos mal delimitados, las pasiones violentas, las enfermedades graves, los actores intuitivos, testarudos, egoístas o que tienen un ascendente venal sobre los demás.

SENTIDOS ANALÓGICOS DIVERSOS (EL ARCANO MENOR
DE LA IZQUIERDA ILUMINA DIRECTAMENTE EL ÁMBITO INTERESADO)

• *Para un asunto familiar*. Rencores o quejas que anticipan cualquier cohesión constructiva, riesgo de disgusto moral o de alejamiento afectivo del actor proyectado en la pregunta. Con espadas, empeoramiento de una situación; con oros, malentendidos; con copas y bastos, discusiones muy ásperas.

• *Para un asunto de amistad*. Malestar relacional que se instaurará o empeorará: malentendidos o rivalidades que no favorecen la comunicación. Con copas, engaños o murmuraciones; con oros, relaciones de intereses; con bastos y espadas, divergencias de opinión o desacuerdos tenaces.

• *Para un asunto social y profesional*. Rechazo de un deseo, de un acercamiento, de un procedimiento debido a malas afinidades generales. Bloqueos, retrasos o rechazos que anticipan cualquier ambición concreta sobre todo con espadas u oros que reflejan antagonismos o conflictos de intereses.

• *Para un asunto material o financiero.* Intereses materiales en juego difíciles de descubrir a causa de polos prioritarios distintos: divergencias de intereses o irresoluciones materiales tenaces. Salvo con oros fuertes, bloqueo de una situación o antagonismos potentes a la vista.

• *Para un asunto sentimental.* Para el actor aludido, amor secreto o deseo sensual que se incuban. Establece un sentimiento pasional no consumado debido a la distancia, a las leyes, a la discreción o a algún conflicto; por el contrario, con copas, se anuncia una consumación relativamente cercana.

• *Para un asunto del comportamiento o psicológico.* Actor principal esclavo de una pulsión, de un rencor, de una revolución o de una cólera contenida. Con espadas, favorece mucho los antagonismos y los conflictos directos. Salvo con copas, litigios o divergencias que reclaman paciencia.

• *Para un asunto de salud.* Con espadas y oros, complicaciones o empeoramientos; con bastos puede indicar un diagnóstico difícil de efectuar, y, con copas, una terapia progresiva. Generalmente, este arcano anuncia recaídas o investigaciones médicas en aumento.

• *Para un asunto de tiempo.* Plazos entre cortos y medios. Este arcano evoca una rapidez relativa de los hechos que suscita y tiene mucho ascendente sobre el presente o el porvenir próximo. A veces, los plazos y las nociones de tiempo estarán, como en el pasado, relacionadas con un hecho o con una situación similar.

La Torre

Se trata del arcano mayor más negativo y no tiene más que un sentido: suerte, mala suerte, desestabilizacion o caída de una situación.

Implica fuerzas potentes que van contra sí mismas generalmente sin posibilidad de alternativa o de concesión, fuerzas destructoras que favorecen replanteamientos difíciles bajo un ambiente de obstáculos o de rivalidades intensas.

Este arcano transporta todo lo que puede ser negativo para una situación o todo lo que es posible imaginarse como contrario a su evolución.

Representa actores rivales, impulsivos, violentos o emocionalmente incoherentes, accidentes, agresiones, conflictos físicos o morales, rivalidades declaradas, oposiciones francas, conflictos graves, rupturas o divorcios y trastornos en general.

SENTIDOS ANALÓGICOS DIVERSOS (EL ARCANO MENOR
DE LA IZQUIERDA ILUMINA DIRECTAMENTE EL ÁMBITO INTERESADO)

• *Para un asunto familiar.* El sujeto interesado no puede actuar, se están incubando fuertes divergencias y conflictos para animar un clima de ruptura o de intolerancia. Aparición de un adversario o rechazo violento de un contacto o de un acercamiento. Con copas o espadas, ruptura familiar o violento altercado.

• *Para un asunto de amistad.* Indisponibilidad crónica del actor interesado, que se orienta hacia prioridades e intereses en un sentido demasiado personal: ambiente conflictivo e incluso poco delicado. Con espadas, críticas que van en contra de sí mismo; con copas y bastos, desinterés por el cual se sufrirá; con oros, relación movida por el interés.

• *Para un asunto social y profesional.* Obstáculos o rivalidades que pueden desestabilizar la situación del actor aludido o que pueden instaurar bloqueo o estancamiento.
Fracaso o rechazo de un argumento que va hacia un clima conflictivo; ruptura violenta o poca delicadeza profesional que puede provocar peligros.

• *Para un asunto material o financiero.* Mala noticia u orientación negativa latente de la situación analizada: clima de mala suerte o de mala acción que puede alimentar problemas u otros desengaños materiales. Con espadas u oros, pérdidas financieras o sanciones abusivas.

• *Para un asunto sentimental.* Rupturas, dificultades de tipo emocional o fracaso sentimental, sobre todo en presencia de copas potentes, que se ven considerablemente favorecidas. También puede significar un conflicto, un altercado violento, un cambio afectivo grave, un rechazo puro y simple de cualquier acercamiento.

• *Para un asunto del comportamiento o psicológico.* Actor aludido impulsivo, nervioso o inclinado a la cólera y la rebelión. Incoherencia del comportamiento o actitud esencialmente basada en instintos represivos o agresivos sobre todo con espadas y bastos. Tensiones no contenidas.

• *Para un asunto de salud.* Empeoramiento de un estado de salud o situación alarmante que empieza a aparecer. Indica generalmente actuaciones médicas radicales y urgentes sobre todo con espadas y oros; dolores y sufrimientos con copas y bastos. No favorece la curación rápida.

• *Para un asunto de tiempo.* Plazos muy rápidos, inminentes o muy recientes. Este arcano golpea como el rayo e instaura un clima de espontaneidad y de cosas inesperadas que no permite ningún síntoma precursor; el tiempo se detiene generalmente allí donde su acción empieza y se desarrolla.

Las Estrellas

Arcano de esperanza, representa el porvenir, y para ello lo disuelve en ternura, en mejora, en perspectiva de felicidad y en evolución. Se trata del arcano de los sueños, de las esperanzas y de los ideales que pueden verse alcanzados por las oportunidades del tiempo y del azar como si estos se doblegaran fuertemente a los deseos del consultante sin el más mínimo esfuerzo. Implica también una noción de suerte y de progreso latentes. La mayoría de las veces, favorece un clima de paz, de entendimiento, de amor o de serenidad, y aleja todas las influencias nefastas alrededor de la situación. Representa los actores inteligentes, humanos y tolerantes, optimistas, filántropos y generosos, los creadores, los artistas, los que aman la vida, los que tienen una vocación, los que escuchan, los que tranquilizan, los que ayudan, los que se desviven, etc.

SENTIDOS ANALÓGICOS DIVERSOS (EL ARCANO MENOR
DE LA IZQUIERDA ILUMINA DIRECTAMENTE EL ÁMBITO INTERESADO)

• *Para un asunto familiar.* Unión y consolidación familiar favorecidas. Con copas, esta unión será esencialmente afectiva; con bastos o con oros, materialmente constructiva; con espadas, volverá una armonía después de discusiones y replanteamientos enérgicos.

• *Para un asunto de amistad.* Aperturas amistosas o reciprocidad de los intereses relacionales. La comunicación se expande y permite acceder a perfiles benéficos en los que pueden concretarse los proyectos, las sugerencias o los acercamientos. Favorece los contactos, las invitaciones, las visitas o las reconciliaciones.

• *Para un asunto social y profesional.* Posibles mejoras de las condiciones sociales o facilidad para hacer realidad el deseo profesional del actor interesado: aperturas positivas o posibilidades latentes para acceder a ello sobre todo con oros, copas y bastos potentes. Posibilidades y oportunidades.

• *Para un asunto material o financiero.* Accesibilidad de un deseo o perspectivas positivas latentes de la cuestión aludida. Con oros, rentabilidad o consecuencias favorables de un proyecto; con bastos o espadas, acuerdos que pueden ser benéficos; con copas, oportunidades realistas.

• *Para un asunto sentimental.* Esperanzas en un éxito afectivo a través de un acercamiento o de una probable consolidación sentimental. Frecuencias emocionales que vibran de manera recíproca, salvo con espadas, que implican debates, acuerdos, procedimientos o retrasos.

• *Para un asunto del comportamiento o psicológico.* Mejor discernimiento general debido a un nuevo equilibrio o a una renovación constructiva sobre todo con copas y bastos. Comportamiento más coherente, más conciliador y más optimista del actor interesado que parece que se desprende de negatividades.

• *Para un asunto de salud.* Perspectivas de restablecimiento o de mejor equilibrio para el actor aludido, que aspira a un nuevo vigor, salvo con espadas, que se refieren a las terapias eficaces en el tiempo. Confianza en uno mismo, renovación psicológica o esperanza que alimenta un sobresalto moral.

• *Para un asunto de tiempo.* Plazos medios o largos. Este arcano no tiende a precipitar las cosas pero sí a inducir un clima mejor para activar desenlaces y conclusiones. No implica por lo tanto ninguna señal de tiempo que puede ser a medio o a largo plazo pero que estará constituido siempre por puntos de referencia precursores benéficos que permiten apreciar el acercamiento de este tiempo aludido.

La Luna

La Luna es el arcano del tarot más delicado de interpretar puesto que no se sabe nunca si su acción está orientada hacia el microcosmos de la cuestión aludida o hacia el macrocosmos general. Se trata de un arcano emocional que apunta desde nuestro mundo inconsciente e imaginario hasta nuestro mundo consciente intuitivo, espiritual y creativo que puede de esta forma servir de soporte tangible a esta fuerza «interior». Sus influjos benéficos son la fecundidad general, la popularidad, el pensamiento profundo, la fe, la creatividad emocional, la memoria, el sentido familiar, el sentido comercial y la noción intelectual de la masa, del pueblo y de la muchedumbre. Sus efectos negativos son la ingenuidad, la ilusión, la traición de las esperanzas, la aprensión, el aislamiento moral. Designa a los actores relacionados con una masa, una colectividad, una administración, un comercio, a las madres de familia, a las mujeres maduras, a las esposas, a las personas moralmente perturbadas, tímidas o introvertidas.

SENTIDOS ANALÓGICOS DIVERSOS (EL ARCANO MENOR
DE LA IZQUIERDA ILUMINA DIRECTAMENTE EL ÁMBITO INTERESADO)

• *Para un asunto familiar.* Sitúa la atención en un interés familiar crucial en juego que los arcanos menores aclararán: consolidación o acercamiento con copas, conversaciones o iniciativas seguras con bastos u oros; divergencias o conflictos en curso o latentes con espadas.

• *Para un asunto de amistad.* Ambiente nublado e incierto alimentado por las dudas o por inconstancias del comportamiento del momento. Actor principal bajo el peso de un malestar moral o de indecisiones penosas, paralizado en una situación pasiva. Con copas, divergencias con amigos.

• *Para un asunto social y profesional.* Espera, retrasos, huida de las responsabilidades o rechazo del compromiso por parte la persona aludida en la pregunta. Bloqueo de los medios o de las incompatibilidades de los intereses en juego; desilusiones, desengaños injustificados o abusivos con espadas.

• *Para un asunto material o financiero.* Riesgos de estafa, de falta de discernimiento o de liberación de responsabilidades para el actor aludido: falta de seguimiento, de concreción, espera o estancamiento de una situación. Con oros potentes, venta o inversión en perspectiva.

• *Para un asunto sentimental.* Influencia de las dudas y otras incertidumbres en un ambiente emocional fluctuante: problemas morales o comportamiento misterioso del actor aludido. Malestar afectivo, falta de puntos de referencia sentimentales tangibles o reciprocidad pasional que se replantea salvo con copas, que indican en este caso una consolidación que se construye lentamente.

• *Para un asunto del comportamiento o psicológico.* Inconstancia, incoherencia, repliegue sobre uno mismo e incluso clima depresivo del actor aludido. Estancamiento moral penoso con bastos y oros, penas o amarguras con copas, paranoia o acoso psicológico con espadas.

• *Para un asunto de salud.* Incitación al psicosomatismo y a las enfermedades depresivas, a la incapacidad de dominarse emocionalmente, a los falsos diagnósticos, a los malos tratamientos o a las terapias caducas. La situación de la salud necesita una reconsideración general. Con espadas, operación quirúrgica.

• *Para un asunto de tiempo.* Plazos entre largos y muy largos. Este arcano no permite ninguna indicación de tiempo puesto que instaura generalmente un clima de estancamiento y de espera que paraliza cualquier noción temporal.

El Sol

Con este arcano nada será negativo, puesto que encarna el pulmón de la vida: se trata de la esencia misma de lo que es o será feliz. Reina sobre la plenitud y sobre el bienestar en todas las situaciones como una adquisición positiva indiscutible que nada puede discutir, una adquisición relacionada con las afinidades privadas, con los valores naturales y vitales. A la manera del arcano número 15, rige el lado benéfico del ámbito emocional e implica su perfecto dominio, su conclusión serena y su desarrollo evolutivo. Su energía conduce hacia el amor, la pasión, la creatividad y la autenticidad.

Representa a los actores creativos, enérgicos, equilibrados, sanos, felices, amorosos, a los niños, las escuelas, la vida al aire libre, las vacaciones, el verano, los países del sol, la noción del bien, de la felicidad, la nobleza de corazón.

SENTIDOS ANALÓGICOS DIVERSOS (EL ARCANO MENOR
DE LA IZQUIERDA ILUMINA DIRECTAMENTE EL ÁMBITO INTERESADO)

• *Para un asunto familiar*. Unidad familiar reforzada a través de motivaciones afectivas. Arcano que positiva intereses familiares comunes gracias a los lazos de unión existentes y a los valores familiares fuertes, salvo con espadas, que indican algunos debates o acuerdos para posibles concreciones.

• *Para un asunto de amistad*. Buenas frecuencias amistosas que pueden constituir bases fiables, puesto que la imagen emitida se percibe con mucho favor. Elimina dudas o ambientes nublados para favorecer relaciones sanas. Con copas, ambigüedad amistoso-afectiva.

Para un asunto social y profesional. Impacto favorable sobre el objetivo aludido o credibilidad límpida del actor principal en cuestión. Concreciones favorecidas con bastos u oros, fuerza de convicción necesaria con espadas y aperturas realistas con copas.

• *Para un asunto material o financiero*. Mejoría del ámbito debido a un nivel de factibilidad muy potente o debido a la imagen creíble suscitada por el actor aludido. Negocio positivo o consecuencias materiales tranquilizadoras con oros, negociaciones con copas o bastos, fuerza de penetración con espadas.

• *Para un asunto sentimental*. Consagración sentimental privilegiada sobre todo si intervienen copas potentes; en caso contrario, se trata de perspectivas de consolidación, de lazos fuertes o de acercamiento afectivo inminente a la vista. Atracción física o sexual con espadas.

• *Para un asunto del comportamiento o psicológico.* Razón, sentido común y energía vital aventajadas por lo que se refiere al actor principal aludido: armonía, equilibrio, discernimiento y asunción de las propias lagunas. Cambios saludables o revelaciones benéficos en perspectiva.

• *Para un asunto de salud.* Señal de curación, de mejora o de buenas perspectivas para el actor aludido. Favorece el restablecimiento físico e incluso un nuevo vigor en la salud. Con copas, buenos apoyos familiares; con espadas o bastos, terapias eficaces que se ponen a punto.

• *Para un asunto de tiempo.* Plazos entre cortos y medios sobre todo relacionados con valores de tiempo solares, es decir, vencimientos variados que constituyen puntos de referencia: el día, el verano, el mes de agosto, los fines de semana y el miércoles, los días soleados, los días de fiesta, de ceremonia, etc.

El Juicio

Arcano neutro, sin carácter específico, que encarna el vencimiento, el cierre, la conclusión, un hecho que llega poniendo término a una situación, a una espera, a una perplejidad como un desenlace final condenado a la expiración.

Domina el corto plazo cortando el tiempo brutalmente, como si lo que está en suspenso llegara, se desenredara, se realizara. Lleva consigo su cortejo de lógica, de verdad y de consecuencia fatal relacionada con los actos recientes o pasados, con las esperas del momento, pero no interviene en la elección del destino, sino que nos remite a lo que la lógica nos dará de forma inevitable. Este arcano representa a actores con prisa, muy activos, comprometidos, que dependen de una decisión, de un resultado, de un cambio latente, a las personas lógicamente arrastradas dentro de un ciclo, un hecho en suspenso, un proceso…

SENTIDOS ANALÓGICOS DIVERSOS (EL ARCANO MENOR DE LA IZQUIERDA ILUMINA DIRECTAMENTE EL ÁMBITO INTERESADO)

• *Para un asunto familiar.* Hechos latentes que pueden poner fin a una espera, a una situación paralizada o a un clima estancado. Con copas, salidas favorables; con bastos, debates que pueden suavizar las divergencias; con oros o espadas, intereses propios que permanecen paralizados, enraizados.

• *Para un asunto de amistad.* Inminencia del hecho esperado más lógico: con bastos, incluye una colaboración; con oros, compromisos personales; con espadas, discusiones, debates o antagonismos; con copas, una apertura sobre bases favorables.

• *Para un asunto social y profesional.* Inminencia de noticias, de hechos o de iniciativas correspondientes a la pregunta planteada: salvo con espadas, que suponen dificultades, retrasos u obstáculos, es necesario esperar un desenlace, un compromiso, un inicio o un final.

• *Para un asunto material o financiero.* Desenlace, iniciativa o intervención cualquiera que puede poner fin a lo que está en juego en ese momento o, por el contrario, reconsiderarlo, evidentemente sobre todo con oros. Con copas y bastos, aperturas o compromisos favorecidos.

• *Para un asunto sentimental.* Destaca una espera o un silencio que termina por desaparecer, un clima que se trasforma o que aquello que tenía que llegar finalmente llega. Si son copas, bastos u oros, los resultados pueden ser favorables; si se trata de espadas, disputas, conflictos o quejas.

• *Para un asunto del comportamiento o psicológico.* Actor interesado que se mueve, acusa, desengaña, se revuelve, etc., pero que no permanece impertérrito. Con copas, bastos u oros, las realizaciones serán favorables o lógicas; con espadas, estarán sujetas a debates.

• *Para un asunto de salud.* Hecho inminente que reactiva de una forma o de otra la cuestión: este hecho puede ser grave, radical o necesario con espadas; positivo o constructivo con bastos y copas, o puede estancar la situación con oros.

• *Para un asunto de tiempo.* Plazos cortos. Nos encontramos ante un arcano rápido que encarna el tiempo, es decir, el vencimiento esperado o inesperado que llega; insufla la precariedad inminente de una situación que se moverá por lo tanto a corto plazo.

El Mundo

Llegamos al término del entusiasmo del Mago con el Mundo, que encarna su conclusión como un tope, puesto que este arcano representa la consagración.

Se trata de uno de los arcanos más positivos del tarot: implica una coronación, una realización, una finalidad premeditada, reina sobre los deseos satisfechos, los desenlaces favorables de los esfuerzos o los resultados fijados sobre los ideales. Hace intervenir los elementos necesarios para obtener la salida más favorable y crea de esta forma un lazo estrecho entre lo cotidiano, lo banal, lo conforme y lo maravilloso, el éxito y la realización.

Representa a actores que dirigen, gobiernan, viajan mucho, los que han alcanzado sus ideales y explotan sus ideas con éxito, las personas dotadas, cabales, universales, los filántropos; se refiere a los países lejanos, los extranjeros, el exotismo, etc.

SENTIDOS ANALÓGICOS DIVERSOS (EL ARCANO MENOR
DE LA IZQUIERDA ILUMINA DIRECTAMENTE EL ÁMBITO INTERESADO)

• *Para un asunto familiar.* Desenlace a la espera que será positivo o concertado con copas, impuesto con espadas, construido con bastos u oros. Favorece generalmente el alejamiento de los problemas mediante desenlaces procedentes de la unidad familiar.

• *Para un asunto de amistad.* Mejorías relacionales considerables tanto en el sentido de una consagración como, más sencillamente, de una aproximación inminente. Con espadas, finalización de un compromiso difícil; con copas y bastos, aproximaciones concretas; con oros, conclusiones.

• *Para un asunto social y profesional.* Conclusión de la cuestión que los arcanos menores mejorarán: aperturas o posibilidades que se tienen que explotar con copas y oros, discusiones o intercambios concretos con bastos, debates animados e incluso antagónicos pero constructivos con espadas.

• *Para un asunto material o financiero.* Soluciones o conclusiones concretas favorecidas gracias a aperturas facilitadas o que llegan a su final.

Implica un favor que ayuda considerablemente una elección invocada, alimentada por perspectivas favorables e incluso benéficas.

• *Para un asunto sentimental.* Consagración afectiva con copas, reactivación o debate muy benéfico con bastos, vencimientos orientados sobre la sensualidad con espadas, reconsideración de los intereses que se convierten en saludables con oros. Arcano considerablemente benéfico en este ámbito.

• *Para un asunto del comportamiento o psicológico.* Salida de un estado o perspectiva de revelaciones saludables, de ideas que activan una situación. Favorece todo lo que estaba paralizado, inconsciente o impotente en un comportamiento o un estado de ánimo. Periodo fecundo inminente.

• *Para un asunto de salud.* Bienestar, curación o actualización benéfica muy constructiva de una situación: salidas terapéuticas, médicas o clínicas favorables, sobresaltos que buscan el equilibrio y la salud. Conclusión de un esfuerzo y consagraciones hacia la evolución.

• *Para un asunto de tiempo.* Plazos entre cortos y medios. Generalmente este arcano es rápido, destaca el final de un ciclo, de un periodo transitorio o de un estado de hecho que hace intervenir elementos que cierran, en plazos breves, un proceso que finalizará con una conclusión generalmente muy positiva, satisfactoria o constructiva.

El Loco

Último arcano mayor, sin identidad numerológica, inclasificable en la estructura sólida de sus hermanos, hace el papel del «patito feo» de la familia. Este arcano rige el ámbito que va desde la inexperiencia hasta la inconsecuencia pasando por la liberación, la irresponsabilidad, la inconsciencia, la huida hacia adelante, la ingenuidad, la ilusión y la ingratitud. A veces su sentido se matiza más poéticamente como un deseo de huida espiritual, de viajes lejanos, de regresión psicológica o de suspensión momentánea del tiempo.

Arcano muy arriesgado e incierto, marca la llegada de un ambiente confuso en el que la lógica y el realismo no formarán parte de un viaje en el cual los únicos pilotos serán el humor, el instinto y la inmadurez. Representa a los actores ingenuos, inexpertos, inestables, inconformistas o en crisis continua.

SENTIDOS ANALÓGICOS DIVERSOS (EL ARCANO MENOR
DE LA IZQUIERDA ILUMINA DIRECTAMENTE EL ÁMBITO INTERESADO)

• *Para un asunto familiar.* Huida o partida del actor aludido tanto en un sentido figurado como realista. Desacuerdos por falta de juicio, hipocresía o punto de vista esencialmente egocéntrico. Con espadas, inconsecuencias enojosas.

• *Para un asunto de amistad.* Relajamiento e incluso poca delicadeza en las relaciones. Actor interesado orientado hacia prioridades distintas de los intereses de la cuestión, divergencias que pueden alimentar malestares con los amigos o vejaciones, sobre todo con espadas o bastos.

• *Para un asunto social y profesional.* Falsas promesas, huida de las responsabilidades o liberación, sobre todo con bastos, oros y espadas. Con copas, aplazamiento de una iniciativa, actor aludido involuntariamente implicado en retrasos u obstáculos.

• *Para un asunto material o financiero.* Presencia de una desconsideración de los riesgos o problemas relacionados con la pregunta planteada. Actor principal que valora más sus intereses o que huye por las buenas o por las malas de ciertas realidades. Con oros, espadas y bastos, riesgo de pérdida o de errores graves.

• *Para un asunto sentimental.* Posición afectiva latente, retroceso moral o falta de puntos de referencia sentimental destacados, sobre todo con copas. Con bastos u oros, intereses afectivos mal valorados o tangentes; con espadas, desilusiones o revalorización radical de la situación.

• *Para un asunto del comportamiento o psicológico.* Influencia considerable del error, la inestabilidad o la inconsecuencia: actor aludido difícil de delimitar o que mantiene actitudes imprevisibles, huidizas o irresponsables. Con espadas u oros, promesa no mantenida, traición o ingratitud.

• *Para un asunto de salud.* Confusión terapéutica, dificultad de diagnóstico realista e incluso incapacidades técnicas que pueden ser graves, sobre todo con espadas potentes. Actor interesado mal cuidado o que se cuida mal, optimismo exagerado o mala consideración de la situación.

• *Para un asunto de tiempo.* Plazos entre cortos y medios. Este arcano provoca generalmente plazos bastante breves, aunque sea sólo por los efectos rápidos de las inconsecuencias o de los cambios que impone en una situación determinada.

Definiciones y analogías
de los 56 arcanos menores

Simbolismo de los 56 arcanos menores

Las definiciones de los arcanos menores están basadas inicialmente en un simbolismo que se encuentra por todas partes en la vida diaria, particularmente en los ámbitos esotéricos como la astrología y la numerología.

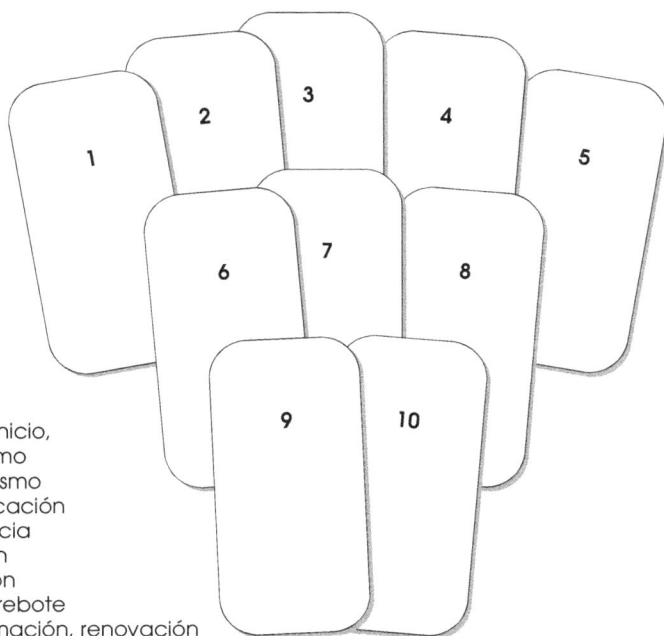

1 Interior, inicio, entusiasmo
2 Materialismo
3 Comunicación
4 Experiencia
5 Creación
6 Limitación
7 Exterior, rebote
8 Transformación, renovación
9 Estado superior, ética
10 Obra, realización

Sin pretender crear una regla ni hacer comparaciones con estos distintos ámbitos, será necesario tomar conciencia de este simbolismo muy «general» para poder progresar en el tarot intuitivo. Encontrará en la siguiente tabla lo que me parece que es esencial saber para cada grupo de arcanos menores, puesto que es evidente que la lista no se acaba en estas palabras. Este simbolismo permite alcanzar el macrocosmos del tarot para beneficiarse de una visión general de los arcanos menores como si se tratara de una tropa bien formada en la que cada uno es solidario con su vecino. Esto es, por tanto, lo que es necesario retener en primer lugar sobre estos 56 arcanos menores.

Descendiendo a continuación de este macrocosmos, encontraremos el simbolismo de cada arcano menor a través de su propio palo, lo que permitirá pulir los matices específicos.

As		
Bastos	Interior - Inicio - Entusiasmo	constructivo
Oros	Interior - Inicio - Entusiasmo	lucrativo
Espadas	Interior - Inicio - Entusiasmo	impulsivo
Copas	Interior - Inicio - Entusiasmo	afectivo
Dos		
Bastos	Materialismo	constructivo
Oros	Materialismo	lucrativo
Espadas	Materialismo	impulsivo
Copas	Materialismo	afectivo
Tres		
Bastos	Comunicación	constructivo
Oros	Comunicación	lucrativo
Espadas	Comunicación	impulsivo
Copas	Comunicación	afectivo
Cuatro		
Bastos	Experiencia	constructivo
Oros	Experiencia	lucrativo
Espadas	Experiencia	impulsivo
Copas	Experiencia	afectivo
Cinco		
Bastos	Creación	constructivo
Oros	Creación	lucrativo
Espadas	Creación	impulsivo
Copas	Creación	afectivo

Seis		
Bastos	Limitación	constructivo
Oros	Limitación	lucrativo
Espadas	Limitación	impulsivo
Copas	Limitación	afectivo
Siete		
Bastos	Rebote - Exterior	constructivo
Oros	Rebote - Exterior	lucrativo
Espadas	Rebote - Exterior	impulsivo
Copas	Rebote - Exterior	afectivo
Ocho		
Bastos	Transformación - Renovación	constructivo
Oros	Transformación - Renovación	lucrativo
Espadas	Transformación - Renovación	impulsivo
Copas	Transformación - Renovación	afectivo
Nueve		
Bastos	Estado superior - Ética	constructivo
Oros	Estado superior - Ética	lucrativo
Espadas	Estado superior - Ética	impulsivo
Copas	Estado superior - Ética	afectivo
Diez		
Bastos	Obra - Realización	constructivo
Oros	Obra - Realización	lucrativo
Espadas	Obra - Realización	impulsivo
Copas	Obra - Realización	afectivo

Por lo que se refiere a los reyes, reinas, caballos y sotas, no existen simbolismos específicos o ancestrales: se trata de personajes que adoptan formas o apariencias diversas según la cuestión en juego, pero que permanecerán limitados a su propia familia. Por lo tanto, durante una tirada, si es necesario comprender *quién* es esa reina de bastos, tendremos que saber quién se esconde detrás de ella explotando *únicamente* el ámbito constructivo, profesional y activo del actor en causa. Lo que quiere decir que la familia del personaje que se ha extraído permanecerá simbólicamente en afinidad con su analogía global, pero que ese personaje permanecerá sobre una identidad que varía a lo largo de las preguntas y de los ámbitos abordados. Creo que es bueno asimilar este simbolismo que nos encontraremos bajo formas diversas a lo largo de la vida.

Advertencias sobre los 56 arcanos menores

Las definiciones de los 56 arcanos menores que presentaremos a continuación se han catalogado según tres criterios:

— una definición general del arcano comprender lo que desarrolla como efectos corrientes en la práctica del tarot intuitivo;
— una definición específica en el marco de un mensaje *inicial positivo*;
— una definición específica en el marco de un mensaje *inicial negativo*.

Cada arcano menor es tributario del arcano mayor que está encima de él en la tirada. Por lo tanto, matizará considerablemente los ámbitos interesados por el mensaje inicial que proviene de arriba, sin perder por ello sus significados originales, es decir, guiará este mensaje hacia los terrenos concretos que emanan de su centro de acción.

Lo que es necesario comprender y asimilar

El arcano menor, en el marco de un mensaje inicial tanto positivo como negativo, guardará su propio significado, que será utilizado por el arcano mayor que se encuentra arriba para comunicar en qué sentido está dirigido su mensaje. Imagínese por ejemplo un arcano menor que representa un corazón: bajo un arcano mayor positivo inclinará hacia una noción sentimental favorable, lo que puede significar desde una petición de matrimonio a un encuentro afectivo crucial; en cambio, bajo un arcano mayor negativo inclinará hacia una noción emocional desfavorable, lo que va desde un desgarramiento sentimental a complicaciones cardiacas… Este arcano menor guarda por lo tanto sus definiciones de origen orientadas hacia ámbitos esencialmente gobernados por el arcano mayor situado encima de él, es decir, por el mensaje inicial en cuestión.

¿Cómo diferenciar un mensaje inicial positivo de un mensaje inicial negativo?

Para ello existen varias posibilidades:

— con la práctica y la experiencia, puesto que usted se impregnará en un plazo de tiempo muy corto de los significados de los arcanos mayores a partir de las explicaciones, pero también por lo que experimentará;

— consultando las definiciones de los arcanos mayores según el ámbito interesado;

— consultando la tabla de las afinidades de los arcanos mayores y los arcanos menores según el ámbito interesado (véase la pág. 121).

En efecto, no es posible realizar inteligentemente una lista de los arcanos mayores positivos y negativos y, por lo tanto, tampoco es posible determinar los mensajes iniciales desfavorables o no, puesto que si algunos arcanos mayores tienen efectos generalmente nefastos, pueden actuar positivamente en otros ámbitos. Pongamos como ejemplo el arcano 16, la Torre: incluye globalmente un mensaje inicial negativo por su lado brutal y fatalista, salvo si su mensaje intercede en favor de hechos impulsivos como consecuencia de un clima de estancamiento y de languidez… Su mensaje se revela nefasto en caso de un clima afectivo, pero puede ser también constructivo en el marco de la salud, como por ejemplo anunciando una operación quirúrgica, arriesgada pero necesaria. Por lo tanto, no es razonable encerrarse en una tabla hermética por lo que se refiere a los arcanos mayores, a causa del riesgo que ello supone de perder los matices y las coloraciones que son tan útiles para la comprensión del tarot intuitivo.

Definición de los 14 arcanos menores de copas

As de copas

Este arcano representa nuestro centro emocional puro puesto que marca la intervención de hechos de primera importancia relacionados con este ámbito. Además de todo aquello que más queremos, compromete todo el patrimonio afectivo o todas las experiencias sentimentales que constituyen las bases esenciales y fundamentales de nuestra vida emocional.

• *Con un mensaje inicial positivo.* Respuesta a la pregunta planteada que hace intervenir criterios afectivos cruciales o perspectivas futuras que destacan positivamente los ideales sentimentales. Puede señalar igualmente que hay que tener en cuenta de forma favorable intereses familiares importantes.

• *Con un mensaje inicial negativo.* Riesgo de desestabilización emocional o de incompatibilidad sentimental o afectiva en cuanto a los intereses aludidos. Puede tratarse también de elementos negativos relacionados con el ámbito interesado que pueden engendrar grandes tensiones morales.

Rey de copas

Se trata del personaje central de sexo masculino de una vida afectiva: padre, marido, amigo fiel, pilar amistoso y servicial, o el hombre que tiene más intereses afectivos en el momento de realizar la pregunta: un hermano, un tío, etc. No interviene en los encuentros sentimentales porque ya existe y forma parte del universo del ámbito en cuestión. Es alguien siempre positivo por lo que se refiere a los propios intereses, nunca un enemigo.

• *Con un mensaje inicial positivo.* Aparición favorable de un hombre sobre el que descansan experiencias o esperanzas afectivas. Índice de fidelidad sentimental o amistosa, intervención o apoyo que viene del personaje afectivo central del ámbito interesado. Consolida la pasión, el amor y la armonía.

• *Con un mensaje inicial negativo.* Imposibilidad de criterios afectivos positivos sobre la cuestión, imposibilidad que puede ser voluntaria o involuntaria por parte de la persona relacionada con la imagen del rey. Puede señalar igualmente la usurpación de la imagen real por un hombre muy por debajo de las esperanzas afectivas descontadas. También puede significar dificultades, bloqueos o problemas de esta persona.

Reina de copas

Se trata de un personaje del sexo femenino favorable a nuestros intereses, que tiene un impacto benéfico sobre la vida afectiva: esposa, hermana, amiga cercana o relación amistosa que se hace cada vez más íntima. Para un hombre, representa su polo sentimental central del momento: amiga, novia o esposa evidentemente. Se trata de una persona siempre sincera, servicial y sobre todo cómplice, que puede constituir un apoyo moral permanente o momentáneo durante un episodio de la vida cotidiana.

• *Con un mensaje inicial positivo.* Aparición favorable de una mujer sobre la que descansan experiencias o esperanzas afectivas. Índice de fidelidad sentimental o amistosa, intervención o apoyo que viene del personaje afectivo central del ámbito interesado. Consolida la pasión y la armonía.

• *Con un mensaje inicial negativo.* Imposibilidad de criterios afectivos positivos sobre la cuestión, imposibilidad que puede ser voluntaria o involuntaria por parte de la persona relacionada con la imagen de la reina. Puede señalar igualmente la usurpación de la imagen real por una mujer muy por debajo de las esperanzas afectivas descontadas. También puede significar dificultades, bloqueos o problemas de esta persona.

Caballo de copas

Personaje, hombre o mujer, que impulsa actos y hechos benéficos para nuestros intereses personales sin por ello llegar al ámbito íntimo: persona servicial, que interviene de forma favorable, que constituye un apoyo momentáneo o favorable a los intereses en juego. Este arcano puede actuar también como codicia sentimental o física positiva, una especie de amalgama de devoción y de premeditación sentimental.

• *Con un mensaje inicial positivo.* El caballo de copas impulsa a una persona que puede ser constructiva respecto a nuestros intereses sobre la pregunta planteada. Aporta generalmente noticias favorables o aperturas relacionadas con el ámbito en cuestión bajo la forma de apoyo, de intervención, de oportunidad o de favores. Significa también que determinaciones y esperanzas parecen marchar en el sentido correcto o que encuentran puntos de apoyo.

• *Con un mensaje inicial negativo.* Dificultades y obstáculos a pesar de la buena voluntad, de los esfuerzos, de los intentos, del coraje o de la sinceridad. Señala una intervención que fracasa, una esperanza que aborta o algo que no puede realizarse en las condiciones actuales. Marca también una condescendencia sincera que proviene de una persona relacionada con el ámbito en cuestión.

Sota de copas

Se trata de un personaje afectivo secundario, un conocido o un amigo lejano. Puede representar también una relación agradable de trabajo, comparable a un vecino simpático: es necesario retenerlo como un entorno amable y sociable pero que no tiene ningún punto común con nuestros intereses profundos. Se trata también de un arcano de comunicación: carta afectiva, familiar o que aporta buenas noticias.

• *Con un mensaje inicial positivo.* Intervención de una persona que puede contribuir a la satisfacción de los deseos. Obligación de integrarse a través de un personaje agradable pero poco íntimo. Favorece la buena voluntad ajena estrictamente limitada a sus poderes del momento. Comunicación agradable, noticias amistosas.

• *Con un mensaje inicial negativo.* Se dará importancia a personajes amistosos pero que no se mostrarán a la altura de los intereses en cuestión en nuestro entorno. Favorece la rutina, las personas repetitivas o las relaciones limitadas a la cortesía. Persona agradable, compasiva o sincera pero limitada en sus medios o por su visión del ámbito que se trata.

Diez de copas

Acto o hecho afectivo personal de gran importancia, acontecimiento emocional latente que interviene sobre la situación afectiva o familiar en curso. Este arcano indica también una intervención o una iniciativa, tanto si es personal como si proviene de otro, susceptible de modificar el estado emocional del momento. Favorece por lo tanto las nuevas intensidades generalmente constructivas en el ámbito en cuestión.

• *Con un mensaje inicial positivo.* Puesta en marcha de iniciativas muy concretas que permiten acceder a los objetivos buscados. Un personaje central (uno mismo u otro) intervendrá a través de la situación actual en un sentido de progreso, de mejora o de conclusión. Éxito gracias al esfuerzo, a la perseverancia y a la fe o condiciones generales que se prestan correctamente para las finalidades aludidas.

• *Con un mensaje inicial negativo.* Frustración de un deseo o fracaso de un anhelo importante que puede causar pena, tristeza o amargura.

Consecuencias emocionales negativas, hechos, actos que provocan un prejuicio moral o afectivo. Desesperación, desilusión o sorpresa desagradable que pone fin a la situación tratada en la pregunta.

Nueve de copas

Este arcano representa el ideal afectivo tal como nos gustaría vivirlo, ideal simbólico pero también cotidiano a la vista de una situación determinada. Representa una perfección que se debe esperar o una corrección factible en el caso de una desviación emocional o un esbozo sentimental.

Interviene a menudo en los acuerdos, los intercambios de puntos de vista que pueden afinar un equilibrio afectivo.

• *Con un mensaje inicial positivo.* Progresión hacia una mejora, hacia una satisfacción emocional o afectiva. Indica a menudo una evolución latente que puede unirse a una aproximación ideal del objetivo aludido con la importancia de la comunicación oral en el proceso.

• *Con un mensaje inicial negativo.* Decepciones o insatisfacciones contrarias al ideal buscado o a su propia ética. Puede querer sugerir una idea ridiculizada, una mala frecuencia del comportamiento o un estancamiento material o moral en las antípodas de los objetivos perseguidos.

Ocho de copas

Arcano del replanteamiento psicológico que implica una inestabilidad emocional causada por el mundo exterior que permite valorar de forma obligada o de forma estrictamente personal. Según el arcano mayor que gobierna, indica diversas intensidades afectivas, desde la crisis brutal a la toma de consciencia saludable pasando por la duda, el temor, la vulnerabilidad y la impotencia.

• *Con un mensaje inicial positivo.* Recuperación de una ventaja emocional perdida, acuerdo saludable latente o nueva esperanza en una situación poco clara o incluso desesperada. Indica una posibilidad, un medio, una oportunidad que permite superar una desventaja. Indica a veces también un personaje desfavorable para nuestras intenciones o intereses que puede convertirse en positivo.

• *Con un mensaje inicial negativo.* Bloqueo afectivo y emocional: desavenencias, divergencias fatales, disputas, rupturas o conflictos que persisten. Este arcano engendra generalmente tensiones que se tendrán que asumir sin posibilidad de alternativas puesto que los intereses divergentes son proporcionalmente iguales al perjuicio emocional causado.

Siete de copas

Arcano de la conciliación, de la diplomacia y de la colaboración que engendra un clima de entendimiento basado en la participación ajena. Favorece los acercamientos que permiten acuerdos o consolidaciones mediante una mirada afectiva propicia a los intereses. Se centra en un exterior humano benéfico para la búsqueda de una reciprocidad que puede favorecer la unidad. Es un arcano de intercambio y comunicación que da privilegio de forma considerable a las relaciones.

• *Con un mensaje inicial positivo.* Señal inevitable de una apertura que permite un acercamiento facilitado en el ámbito en cuestión: el exterior está a la escucha e incluso en acuerdo tácito con la motivación principal del tema. Favorece una comunicación centrada en los intereses comunes, en las motivaciones idénticas o en una búsqueda de acercamiento mutuo. Estimula los encuentros.

• *Con un mensaje inicial negativo.* Señal tanto de desacuerdos latentes como de deseos siempre frustrados. En el primer caso, se trata de incompatibilidades de intereses o de una comunicación que no puede alcanzar la frecuencia deseada; en el segundo caso, será una falta de oportunidad o una imposibilidad de conclusión del deseo a causa de un entorno negativo. Estimula las tensiones.

Seis de copas

Juega en dos sentidos: en el primero influye sobre una especie de trivialidad emocional del día a día e instaura la satisfacción con uno mismo, con lo que se tiene; en el segundo, instaura un clima de frustración afectiva, como la añoranza de alguien que sentimos o las dudas e inquietudes que recubren nuestro optimismo. Favorece también las pequeñas satisfacciones profesionales.

• *Con un mensaje inicial positivo.* Estimulación de un día a día que tiende a mejorar. Arcano de limitación del placer, indica sin embargo una mejora de la situación aludida o perspectivas de éxito muy disminuidas respecto a la pregunta planteada. Indica también una lenta progresión hacia lo positivo o la necesidad de esperar, de tener paciencia y de optimizar en vistas de condiciones mejores.

• *Con un mensaje inicial negativo.* Influencia de una falta de oportunidad o de un entorno general poco propicio al deseo aludido. Frustraciones, bloqueos, retrasos, o acuerdos, intercambios que no encuentran el eco que se suponía. Desconciertos que favorecen una falta de penetración y de estimulación.

Cinco de copas

Imagínese la emoción causada por el retorno de un ser querido o por un soberbio regalo inesperado: se sitúa sobre la misma intensidad que este arcano. Rige los flechazos, las atracciones fuertes, la pasión, cualquier deseo posesivo lejos de la trivialidad, así como las alegrías y las satisfacciones poco habituales que dominan el día a día. Representa también todo lo que es positivo y que proviene de nuestros progenitores, todo lo que se encuentra en la base de la inspiración creativa, todo lo que de noble se puede encontrar en algunos sentimientos o sensaciones.

• *Con un mensaje inicial positivo.* Los deseos o las consagraciones se mueven en el sentido deseado a través de alegrías y de satisfacciones completas. Favorece la escapada positiva de la pregunta planteada sobre todo si la persona que la plantea trabaja para conseguir una finalidad favorable. Instaura satisfacciones que a menudo se transmiten en un clima animado: declaraciones de amor o de amistad, regalos, ceremonias, ventajas, invitaciones, consideraciones nuevas, atenciones inesperadas, etc. Alegrías procedentes de los niños.

• *Con un mensaje inicial negativo.* Deseos profundos permanecerán en suspenso o no se conseguirán. Puede indicar una vejación, una frustración fuerte a través de un fracaso, una imposibilidad de acceder a un deseo prioritario o una necesidad crucial. Amor y afección desfavorecidas, desconsideraciones sentimentales penosas o impotencia tenaz para actuar.

Cuatro de copas

Reina sobre el equilibrio emocional del hogar como arcano emparentado con la unidad familiar, sobre la felicidad en casa y el entendimiento afectivo entre los miembros de la familia. Representa también los intereses familiares a través de su necesidad de preservar la estabilidad de la potencia hereditaria como un equipo unido basado en los valores afectivos tradicionales, una fidelidad continua a entronizar la familia, la casa y el patrimonio afectivo. Interviene a menudo acentuando la necesidad de una agrupación unida.

• *Con un mensaje inicial positivo.* Las perspectivas de la respuesta van en el sentido de los intereses familiares o indican que el lugar de vida tendrá un papel importante que desempeñar. Este arcano yuxtapone la vida familiar o su lugar geográfico con las consideraciones generales de la pregunta planteada. Indica también que el ámbito tratado interfiere positivamente sobre la unidad familiar, los acercamientos, las visitas y las uniones.

• *Con un mensaje inicial negativo.* Intereses familiares o consideraciones afectivas cruciales pueden verse desestabilizados respecto a la eventual conclusión de la pregunta planteada. Puede tratarse también de incompatibilidades generales que ponen en peligro un criterio afectivo prioritario o lo maltratan. Este arcano parece igualmente poner en cuestión el ámbito de los niños y de sus condiciones generales.

Tres de copas

Como el siete de la misma familia, se trata también de un arcano de comunicación pero que implica una iniciativa personal: visita, contacto, procedimiento o desplazamiento. Instaura un clima relacional positivo pero que se verá limitado estrictamente al ámbito interesado, lo que significa que facilita cualquier procedimiento orientado sobre un terreno preciso. Reina también sobre los vecinos, los hermanos y hermanas, los amigos…

• *Con un mensaje inicial positivo.* Se trata del propio proceso del contacto, puesto que el acercamiento o el procedimiento de comunicación relacionado con el ámbito tratado están favorecidos: entorno humano favorable que permite una escucha o una disponibilidad exterior benéfica para el mensaje transmitido. Este arcano favorece las reactivaciones, los intercambios, los acuerdos y los climas de conciliación gracias a una gran receptividad de las relaciones.

• *Con un mensaje inicial negativo.* Equilibrio relacional difícil de mantener, relaciones que trastornan o comunicación que no llega a su objetivo. Este arcano señala que los contactos que se suponen se replantearán, se atrasarán o incluso no se realizarán.

Dos de copas

Arcano de perplejidad moral, reina también en el reino de la duda pero con efectos muy limitados en el tiempo: rencores, pequeñas penas, desestabilización emocional breve, dudas y temores momentáneos que alimentan un estrés, una amargura, un estado de ánimo pesimista. Su efecto es generalmente rápido y poco intenso, pero puede actuar también en un clima de interiorización.

Definición de los 14 arcanos menores de bastos

As de bastos

Representa una potente inversión personal hacia una prioridad socioprofesional de primera importancia: lo que tenemos que crear, elaborar, construir y contratar. Se trata de una especie de focalización primordial sobre un objetivo privilegiado que se convierte en el centro activo del día a día: proyecto, creación, contacto capital, trampolín profesional privilegiado, en definitiva, una expansión personal que se debe explotar que sustituye la trivialidad de lo cotidiano. Favorece la credibilidad, los contactos privilegiados y la experiencia.

• *Con un mensaje inicial positivo.* Las perspectivas de la cuestión parecen orientadas hacia concreciones o hacia el planteamiento de un periodo activo y constructivo. Este arcano señala que las cosas relativas al ámbito interesado avanzarán con una iniciativa principal en juego, una apertura concreta que no tiene nada que ver con el azar y que está estimulada mediante actos, contactos, etc.

• *Con un mensaje inicial negativo.* Obstáculos, retrasos, antagonismos o carencias que sustituirán las realidades prioritarias del ámbito tratado. Este arcano puede significar también que podrán realizarse algunas concreciones pero en condiciones generales difíciles o atrasadas. El planteamiento de una necesidad crucial se hará sentir con un libre albedrío trastornado por el entorno negativo.

Rey de bastos

Se trata de un personaje importante investido de una autoridad generalmente socioprofesional: superior jerárquico, jefe, persona o institución que tiene poder de decisión en nuestra vida material y social. Puede tratarse también del personaje central y decisivo del ámbito interesado si se encuentra fuera de los criterios afectivos o una autoridad con responsabilidades mayores que influye directamente en las nuestras. No es nunca desfavorable ni enemigo excepto cuando uno se sitúa en medio de sus misiones y prerrogativas.

• *Con un mensaje inicial positivo.* Influencia de la importancia de un personaje central relacionado con el ámbito tratado que tiene referencia *a priori* positiva sobre los intereses en juego. Este arcano señala su intervención, su colaboración o su receptividad constructiva respecto a las perspectivas futuras que pueden interpretarse como un apoyo o como concreciones latentes. Favorece la credibilidad del deseo emitido.

• *Con un mensaje inicial negativo.* Obstáculo emitido por un personaje clave relacionado con el ámbito interesado o incompatibilidad de los intereses de la cuestión planteada: la incorporación a la autoridad personal o exterior parece sembrada de contrariedades o de incoherencias. Puede indicar también un obstáculo mayor representado por una persona importante directamente relacionada con el ámbito tratado, o un aplazamiento, un retraso en curso o incluso una afinidad recíproca difícil de valorar.

Reina de bastos

Se trata de una mujer activa y responsable que puede estar relacionada temporalmente con nuestros negocios o intereses del momento o que tiene un papel importante sobre nuestras directrices. Decidida, puede representar también una aliada constructiva que no tiene autoridad suprema pero que puede acceder favorablemente por terrenos extraños a nuestra vida diaria. Puede ser también una compañera de trabajo, una amiga enérgica o ambiciosa, una interlocutora privilegiada, etc.

• *Con un mensaje inicial positivo*. Se destaca el papel central de una mujer que puede actuar positivamente sobre los intereses de la pregunta planteada. Puede tratase igualmente del instigador de esta pregunta proyectado sobre una iniciativa latente o un estado de ánimo activo. Este arcano señala generalmente consideraciones concretas entre vida activa, social o material que pueden ser activadas.

• *Con un mensaje inicial negativo*. Como con el rey, este arcano señala una traba que viene de una mujer relacionada con la vida activa, social o material, a menos que se trate de un apoyo ineficaz o de un apoyo que abandona. Se centra en las imposibilidades de compromiso concreto o incluso de realización respecto a una colaboración, una concertación o un deseo cualquiera que puede situarse sobre antagonismos.

Caballo de bastos

Representa hechos profesionales o sociales que anuncian datos nuevos generalmente secundarios sobre la vida cotidiana: trabajo, oportunidad, proposición, consolidación de responsabilidades o apertura que permite acceder a un trampolín poco habitual. Este arcano hace intervenir una acción del interesado principal: proceso, contacto, investigación personal que desprende resultados concretos. Representa también personajes jóvenes y activos que dependen de una autoridad socioprofesional.

• *Con un mensaje inicial positivo*. Muchas cosas pueden avanzar en el ámbito interesado: iniciativas o noticias latentes que consolidan el objetivo aludido o que constituyen un escalón hacia investigaciones más importantes que están previstas. Este arcano puede señalar la intervención positiva de un personaje activo (que puede ser usted mismo) sobre el terreno aludido, alimentando de esta forma datos nuevos y fecundos.

• *Con un mensaje inicial negativo*. Fracaso de una intervención o de una gestión a menos que se trate de noticias que se oponen a los intereses en juego. Este arcano puede señalar un antagonismo por parte de un personaje activo sobre el terreno referente a la pregunta pero también la ineficacia de una ayuda, de una iniciativa o de una intervención que proviene de su parte. Notifica generalmente las iniciativas en curso.

Sota de bastos

Este arcano se interpreta de dos formas: o destaca el papel más o menos activo de personajes lanzados sobre nuestra vida cotidiana —amigos secundarios, relaciones de trabajo, subalternos, comerciantes o vecinos—, o influye sobre pequeños hechos diversos cotidianos. Arcano poco activo que actúa en un sentido muy secundario sobre la escena de la vida cotidiana que consolida de esta forma un ritmo monótono y habitual. Reina sin embargo sobre la comunicación por correo.

• *Con un mensaje inicial positivo*. Pequeñas noticias poco inquietantes o hechos que alimentan el ritmo cotidiano: correo, noticias o pequeños negocios en curso que se regulan. Este arcano puede significar igualmente la lenta progresión de un deseo hacia un terreno constructivo. En un asunto más preciso, indica el personaje principal atareado en su microcosmos con medios reducidos.

• *Con un mensaje inicial negativo*. Perspectivas de respuesta a la pregunta girarán en torno a criterios fútiles, secundarios o estériles: pocas posibilidades de éxito, poca iniciativa o entorno interesado incompatible con los medios actuales. Este arcano influye igualmente en personas ineficaces o que no tienen envergadura y que gravitan alrededor del ámbito tratado.

Diez de bastos

Se trata de un arcano muy activo que mejora un desenlace concreto a través de una inversión personal de primer plano: iniciativa capital, determinación y voluntad orientadas hacia un objetivo muy bien definido y accesible. Con este arcano, la determinación es clara, apoyada por un espíritu constructivo en un entorno propicio para las realizaciones; favorece un clima de desenlace sobre todo en los ámbitos sociales y profesionales. Madurez en las acciones, credibilidad de las gestiones, inteligencia de los acuerdos, etc.

• *Con un mensaje inicial positivo.* Iniciativa capital relacionada con el ámbito interesado que consolida una aproximación final positiva, un esfuerzo grande crucial o una inversión personal focalizada esencialmente sobre los objetivos que se esperan. Este arcano destaca compañeros o protagonistas de calidad en un entorno adecuado o, más sencillamente, oportunidades de acción en perspectiva.

• *Con un mensaje inicial negativo.* Iniciativas personales o exteriores en un entorno poco propicio para cualquier desenlace. Este arcano indica que los esfuerzos que deben hacerse o la voluntad que se debe ejecutar serán tributarias de condiciones difíciles respecto al ámbito tratado. Parece «descomponer» las iniciativas primordiales en secuencias divididas bajo el factor tiempo.

Nueve de bastos

Este arcano hace de unión entre la ambición social, profesional y la realidad del día a día: actúa sobre el intelecto refrescando nuestro ideal social sobre tomas de conciencia brutales, o cuando realidades o desusos corrompen una vocación o un sacerdocio amenazados de desviación.

Influye un espíritu superior, un juicio innato o una ética de comportamiento social y por esta razón lo encontramos a menudo en casos de reconversión, de expansión o de litigios profesionales.

• *Con un mensaje inicial positivo.* Acceso hacia una posibilidad de mejora de la situación, hacia una apertura práctica que parece encontrarse al alcance de la mano. Comprensión o emergencia de una razón a través de la pregunta aludida que puede adaptarse fácilmente a finalidades útiles.

• *Con un mensaje inicial negativo.* El entorno general de la situación no parece corresponder ya a las previsiones que se dan por descontado: desviaciones o corrupciones morales que contravienen la ética, la razón o un compromiso cualquiera. Posibilidades de litigios, de concertaciones que llevan hacia el trastorno conflictivo o la liberación en relación con un acuerdo, un principio o una promesa.

Desunión de un pensamiento, de un lazo de unión, de una reciprocidad, de una colaboración, de una complicidad, etc.

Ocho de bastos

Se trata del arcano de los grandes replanteamientos en cuestiones sociales y profesionales: desequilibrio serio, caso de ruptura de compromiso, presiones y tensiones de trabajo, crisis que pueden provocar conflictos, un despido o una partida en malas condiciones. Señala siempre un punto muerto material o práctico que será necesario rodear en una situación socioprofesional pero también en una situación que pone en juego un procedimiento, una gestión, una estrategia o un acto delicado y capital.

• *Con un mensaje inicial positivo*. La situación en juego se metamorfosea o vive transformaciones necesarias respecto a sus condiciones generales. Este arcano influye en la necesidad urgente de una iniciativa capital que puede favorecer una renovación potente o una finalidad constructiva.

• *Con un mensaje inicial negativo*. Perspectivas de la cuestión en juego sobre obstáculos potentes e inevitables que no dan alternativas en un primer momento. Puede tratarse también de una impotencia de reacción en relación con el problema tratado.

Siete de bastos

Rige la apertura y la colaboración que se concluye en efectos concretos o en realizaciones positivas, reina sobre iniciativas socioprofesionales que favorezcan un trabajo de colaboración o apoyos en afinidad con los intereses aludidos: se trata de un arcano constructivo, que avanza hacia el progreso, la mejora y el acuerdo fecundo. Se centra sobre una reciprocidad favorable con el exterior activo.

• *Con un mensaje inicial positivo*. Sentido práctico que implica concreciones favorecidas por la eficacia y el dominio del ámbito tratado. Este arcano indica realizaciones constructivas que pasan por la colaboración, la concertación o la agrupación de los intereses bajo la misma bandera. Colaboradores atentos, interesados, motivados o susceptibles de estar en afinidad con los objetivos aludidos.

• *Con un mensaje inicial negativo*. No podrá llevarse a cabo una colaboración, será difícil un acuerdo o no tendrán lugar esfuerzos de acercamiento. Este arcano puede señalar también un mundo exterior que todavía no está en afinidad con los intereses o con los objetivos aludidos en la cuestión.

Seis de bastos

Es el arcano de las limitaciones y los problemas cotidianos: obligaciones profesionales, compromiso social, rutina de trabajo, tareas subalternas, etc. Interviene tanto para acentuar el clima de las costumbres diarias como para indicar una restricción obligada en relación con una autoridad, un compromiso o una iniciativa. Rige los pequeños medios, las condiciones materiales y sociales difíciles, el trabajo alimentario, el desuso de las condiciones de trabajo, el realismo económico, etc.

• *Con un mensaje inicial positivo.* Paciencia y ponderación son lo más avanzado de las satisfacciones aludidas: este arcano favorece una progresión lenta pero segura de las condiciones generales de la cuestión. Significa también a veces medios de acción muy estrechos y limitados o que el tiempo jugará progresivamente en favor de las perspectivas aludidas.

• *Con un mensaje inicial negativo.* Limitación de los medios de acción e incluso imposibilidad de una expansión cualquiera de las perspectivas aludidas. Este arcano señala que el ámbito tratado se estancará sobre condiciones idénticas, que la falta de motivación o la impotencia pasarán por encima de los elementos eventualmente constructivos de la situación.

Cinco de bastos

Este arcano reina, como el 10 y el 7 de la misma familia, sobre la creatividad profesional o social pero en un sentido más personal y talentoso. Rige las ideas fecundas, la penetración creativa, la motivación inspirada que desprende una potencia de acción que suscita la obstrucción y la reciprocidad. Favorece la fertilidad y el resultado, la acción y la expansión, el talento y el éxito, la inteligencia y la eficacia, etc. Se trata de un arcano que encontraremos a menudo en situaciones de proezas y de adquisiciones personales.

• *Con un mensaje inicial positivo.* Mejora mediocre en el ámbito tratado con sentido común, las ideas creativas o las iniciativas personales rápidas, penetrantes y constructivas. Este arcano puede indicar también alternativas adormecidas que pueden florecer rápidamente u oportunidades suscitadas por un comportamiento decisivo.

• *Con un mensaje inicial negativo.* Mala penetración de las ideas, de los actos o de las afinidades hacia el exterior a pesar del proselitismo y de la sinceridad. Este arcano señala intereses divergentes, motivaciones conflictivas o una disponibilidad exterior que falla. Refuerza generalmente la realidad de una soledad o de una falta de interés general en relación con el ámbito tratado en la pregunta.

Cuatro de bastos

Se trata de un arcano que rige cualquier actividad relacionada con el entorno doméstico, con el patrimonio y con los intereses familiares: mudanza, acondicionamiento, pequeños trabajos, mejora de la comodidad, actividades lucrativas en el hogar, polarización de los esfuerzos sobre la esfera familiar, etc. Lo encontraremos a menudo en los ámbitos que dan privilegio a la organización en casa, a la planificación familiar y a la consolidación del hogar.

• *Con un mensaje inicial positivo.* Acuerdos familiares, realizaciones que se centran en la integridad del hogar, actividades en un marco doméstico favorecido: este arcano señala a menudo intereses que tienen en cuenta la situación geográfica, social, profesional o moral de la perspectiva de vida.

• *Con un mensaje inicial negativo.* Limitaciones restrictivas en casa o una organización que gira alrededor del hogar o de sus intereses y que es difícil de dominar. Este arcano destaca afinidades o evidencias entre el ámbito tratado y la posición familiar actual, las condiciones de vida, de marco, de clima moral, etc. También puede querer indicar la relativa importancia de los intereses familiares en juego.

Tres de bastos

Este arcano rige la comunicación eficaz y constructiva que tiene intereses concretos y centrados sobre finalidades y desenlaces pragmáticos: se comunica para pedir, admitir, construir, etc. Para ello reina sobre los desplazamientos de negocios o de intereses, las gestiones que implican un compromiso personal, los acuerdos y las entrevistas fecundas, los contactos que dan privilegio a consecuencias rápidas en un marco socioprofesional que excluye cualquier marca afectiva.

• *Con un mensaje inicial positivo.* Precipitación de la comunicación necesaria en el ámbito tratado hacia un clima constructivo y eficaz. Este arcano favorece la disponibilidad y la escucha de otros a través de los contactos y a través de las gestiones útiles en relación con la cuestión en juego o señala la necesidad de una exteriorización cualquiera del sujeto para conseguir fines positivos.

• *Con un mensaje inicial negativo.* Malas noticias, contactos inútiles o difíciles, incluso comunicación bloqueada por razones diversas. Este arcano indica una necesidad de sanear las relaciones humanas necesarias para la evolución aludida o mejorar un proceso de comunicación. Puede señalar también malas relaciones con un personaje central del ámbito en cuestión.

Dos de bastos

Arcano poco importante que influye sobre una duda estratégica o una desorganización a causa de una sobrecarga, de una sobreactividad o incluso de un imprevisto. Es activa en las luchas de intereses, en las divergencias de opinión y en los pequeños problemas cotidianos que alimentan estrés e irresolución puesto que se trata de un arcano que reina en el ámbito de la inseguridad psicológica y material. Sus efectos son generalmente cortos pero puede inclinar rápidamente una situación hacia una desestabilización.

• *Con un mensaje inicial positivo.* Perspectivas de la respuesta hacia mejorías relativas o progresivas: mejor comprensión de los datos o visión de las cosas más depurada. Este arcano indica una posibilidad de volver a ocuparse de las perspectivas que son la continuación de un clima confuso o una mejor evaluación estratégica en suspenso.

• *Con un mensaje inicial negativo.* Falta de motivación moral centrada en el sujeto: dificultad para actuar o reaccionar, organización penosa, mala evaluación general del ámbito interesado o apreciación estratégica inexistente. Este arcano favorece las comunicaciones conflictivas.

Definición de los 14 arcanos menores de oros

As de oros

Se trata de un arcano muy importante que anuncia tanto un movimiento financiero de primer nivel como una masa financiera en consideración en la pregunta planteada. Rige los capitales, los préstamos, los créditos, los intereses, las compras importantes, las inversiones, etc. Lo encontraremos en caso de consideración material crucial o entorno financiero de envergadura, como un poder de compra que favorece el crecimiento o una masa de dinero a disposición o susceptible de estar disponible. Reina también sobre todas nuestras adquisiciones materiales y financieras, así como sobre cualquier valor inmobiliario.

• *Con un mensaje inicial positivo.* Posibilidades de financiación, disponibilidad de bienes materiales o perspectiva de constitución de ventajas financieras diversas. Este arcano señala que intereses importantes están en juego en el ámbito interesado, intereses que pueden ser materiales pero que pueden también estar representados por ventajas lucrativas, prerrogativas interesantes, etc. Destaca un provecho o un beneficio lucrativo a través de las perspectivas de la pregunta planteada.

• *Con un mensaje inicial negativo.* Eventualidad de pérdidas materiales, financieras o de ventajas lucrativas diversas que pueden convertirse en un obstáculo para la situación; también puede ser que intereses del mismo tipo sean más potentes que las diversas perspectivas. Este arcano indica que el poder material y financiero influye negativamente sobre la cuestión tratada puesto que ejerce una presión considerable sobre las perspectivas futuras en cuanto finalidades materiales o venales, o las matiza.

Rey de oros

Este arcano representa una autoridad suprema sobre nuestra vida material y financiera o un personaje clave investido de un poder diverso sobre nuestra experiencia o crecimiento futuros: banquero, prestamista, notario, acreedor, gestor, autoridad fiscal o incluso jefe en los casos socialmente favorables. Puede tratarse también de una persona apta para progresar, para evolucionar materialmente, o con poder de decisión financiero en el ámbito tratado. En algunos casos, representa también un padre, un tío, un abuelo, un esposo, una relación cercana que puede jugar un papel financiero capital.

• *Con un mensaje inicial positivo*. La cuestión tratada influye sobre intereses importantes a través de una persona decisiva de efectos positivos. Un personaje clave en estrecha afinidad con los intereses tratados, una credibilidad de las perspectivas en juego a través de una autoridad material cualquiera o que el personaje central del ámbito interesado se dirige hacia actos o consecuencias particularmente benéficos. Influye en los puntos de apoyo, las ayudas y la colaboración.

• *Con un mensaje inicial negativo*. Ventajas o pérdidas materiales alrededor del personaje que tiene más interés en la pregunta planteada. Este arcano significa igualmente victorias en los tribunales o prerrogativas en el juego que pueden obstaculizar las satisfacciones deseadas. Destaca una potencia cartesiana o un papel material clave en desacuerdo general.

Reina de oros

Representa siempre una mujer que posee un poder social, material o financiero, o deseosa de procurárselo: mujer activa, de negocios, de comunicación, comerciante, etc., o que tiene un papel importante debido a su posición social: colaboradora de una persona de alto cargo, asistente de dirección, esposa de un dirigente, de un elegido… Será siempre una persona determinada, franca y realista que sabe concluir sus misiones, sobre todo si tienen consecuencias lucrativas o pueden ayudar a consolidar su imperio. A veces, es una hermana, tía, protectora que puede ayudar o que dispone de los medios para hacerlo.

• *Con un mensaje inicial positivo*. Posibles ayudas que provienen de una mujer que posee poder de decisión o de aprobación. Este arcano proyecta, en la pregunta tratada, el papel de una mujer en afinidad material con los intereses en juego o que puede destacar perspectivas más bien positivas. Influye generalmente sobre las prerrogativas prioritarias de una mujer en relación con la pregunta.

• *Con un mensaje inicial negativo.* Desestabilización eventual de los intereses de una mujer a través de la pregunta planteada a menos que se trate de un antagonismo materialista que emana de una persona influida por el ámbito tratado. Puede indicar de la misma forma la posición material o financiera muy delicada de una persona cercana a la pregunta o que puede llegar a estarlo próximamente.

Caballo de oros

Representa hechos materiales o financieros que anuncian datos nuevos de efectos secundarios sobre la vida cotidiana. Se trata de movimientos de intereses que pueden llegar a ser importantes al final y cuyas repercusiones no serán inmediatas: noticias financieras, entrada de dinero latente, ofertas materiales, propuestas, aperturas lucrativas, etc. Puede emanar de sí mismo en el caso de una determinación personal, pero generalmente representa a colaboradores eficaces, útiles, realistas y dotados que gravitan en el mundo activo del comercio, de los negocios o de los intereses.

• *Con un mensaje inicial positivo.* Posible apertura que puede concretar actos y realizaciones en el ámbito interesado o iniciativa constructiva que puede desencadenarse en este marco. Este arcano muestra una persona activa y concreta susceptible de invertir los intereses en juego en un sentido benéfico o evolutivo. Aporta hechos o noticias que mejoran los datos iniciales del sujeto.

• *Con un mensaje inicial negativo.* Acuerdos y debates relacionados con la pregunta planteada en condiciones generales difíciles o problemáticas. Este arcano acentúa las dificultades de maniobrar o de realización e incluso los errores de apreciación en los contactos, en las gestiones y en los procedimientos. Aísla una determinación sincera en generalidades que tienen pocas afinidades con los objetivos o con los intereses buscados.

Sota de oros

Representa la vida material rutinaria a través de pequeños hechos que intervienen en lo cotidiano: compras menores, novedades financieras, pequeñas concertaciones de intereses, contactos secundarios, uniones esencialmente materialistas con protagonistas habituales, etc. Arcano poco importante que se centra sobre todo sobre una monotonía en el marco de las costumbres diarias o que destaca un personaje con un potencial limitado que puede jugar un papel subalterno en nuestros intereses vitales.

• *Con un mensaje inicial positivo.* Cierta disponibilidad de las personas que se encuentran a la escucha de nuestras necesidades e intereses: amigo, persona que puede sernos útil, íntimo al corriente de nuestras motivaciones o contacto eventual en afinidad con nuestras prioridades. Este arcano destaca a menudo a una persona favorable, limitada en sus medios pero susceptible de una acción cualquiera constructiva o estabilizadora.

• *Con un mensaje inicial negativo.* Se destaca un personaje limitado en sus medios, su juicio, sus prerrogativas o su experiencia más o menos proyectada sobre nuestros intereses. Este arcano indica a veces el fracaso de una intervención, de una gestión o de una iniciativa por falta de medios o por falta de motivación. Puede tratarse también de una persona venal difícil de localizar.

Diez de oros

Este arcano destaca un hecho material o financiero de primer orden que emana de nuestras experiencias actuales o futuras, una iniciativa que proyecta nuestra vida material sobre un pedestal elevado o que indica riesgos importantes respecto a nuestros intereses generales. Lo encontraremos en el marco de grandes decisiones latentes, de compromisos personales cruciales o de iniciativas que engendran responsabilidades capitales. Influye sobre las grandes realizaciones, las penetraciones financieras de envergadura, los capitales en juego, las investigaciones materiales y los actos determinantes para nuestro equilibrio financiero.

• *Con un mensaje inicial positivo.* Aperturas importantes y disponibilidades favorables evidentes y realizables: o el actor central de la cuestión interesada es perfectamente apto para llevar a cabo lo que se desea o un personaje clave de la situación tiene el poder. Es necesario retener una predisposición para iniciativas de envergadura en un sentido de compromiso concreto.

• *Con un mensaje inicial negativo.* Las prioridades urgentes relacionadas con la cuestión planteada serán rechazadas o no podrán concluirse debido a las malas condiciones generales. Este arcano puede indicar también que la iniciativa clave que domina el ámbito tratado puede encontrar dificultades diversas e incluso fracasar. Influye considerablemente en un objetivo prioritario difícil de alcanzar.

Nueve de oros

Se trata del arcano que representa la unión entre nuestros derechos más vitales y la legalidad en vigor, interviene para apreciar una relación de fuerza entre el equilibrio material que se debe mantener y las prerrogativas que lo permiten. La encontraremos a menudo en las preguntas que están relacionadas con tratos, acuerdos, reembolsos, intereses financieros o en situaciones que ponen en juego litigios, desequilibrios materiales, llamadas al orden, irregularidades financieras, etc. Activa una lógica sólida que permite hacer valer derechos y poner de relieve los intereses.

• *Con un mensaje inicial positivo.* Acceso tangible a un derecho, una prerrogativa o una razón sobre los intereses personales en la cuestión en juego. Este arcano indica un valedor sólido y creíble que puede interceder de forma favorable en un litigio, un acuerdo, una situación incierta, o que la razón y el sentido común se encuentran del lado del actor principal del ámbito tratado.

• *Con un mensaje inicial negativo.* Posibilidad de una sentencia, de una sanción, de una llamada al orden o de una ilegalidad en la cuestión planteada a menos que se trate de una dificultad para ofrecer razones a través de una ética, una conformidad, un equilibrio, etc. Este arcano puede señalar también una posición de litigio latente activada por la frustración de un derecho, de una lógica…

Ocho de oros

Este arcano tan importante se interpreta de dos formas: o destaca un capital, una experiencia financiera, una entrada de dinero, un reembolso, un beneficio administrativo o judicial, un crédito o un vencimiento financiero; o se interpreta de forma mucho más abstracta: desequilibrio material o financiero, crisis grave y brutal, problemas materiales importantes e incluso antagonismo, litigio o proceso latente que se producen después de un malestar en la situación, una desgracia o un trastorno de los intereses.

• *Con un mensaje inicial positivo.* Un capital, una suma de dinero o experiencias materiales serán dominadas o consideradas como un aprovechamiento en la situación interesada. Este arcano puede señalar también la disponibilidad de una posibilidad financiera latente, la llegada de una suma de dinero o la conclusión de un derecho material. Favorece considerablemente las ganancias y las resoluciones positivas de litigios.

• *Con un mensaje inicial negativo.* Un capital, una suma de dinero o una adquisición material no está disponible, sino bloqueada, retrasada o usurpada. Este arcano muestra la evidencia de una crisis material, la pérdida de adquisiciones o de derechos o de una desventaja de intereses a través del ámbito tratado en la cuestión. Señala también estancamientos materiales, intereses divergentes, etc.

Siete de oros

Se trata de un arcano financiero y material orientado hacia la colaboración constructiva, la asociación fecunda o la concertación lucrativa: favorece la apertura pero incluyendo en ella intereses evidentes. Lo encontraremos a menudo en los periodos de acuerdos, de proyectos, de conclusiones materiales, de montajes financieros o cuando las discusiones llegan a compromisos. Aporta un sentido práctico que se focaliza sobre objetivos muy concretos y sobre buenas condiciones para argumentar, convencer y ordenar.

• *Con un mensaje inicial positivo.* Consenso que puede consolidarse a través de partes relacionadas con la pregunta planteada. Este arcano destaca la posibilidad de medios, de perspectivas, de aperturas y de materialización en el ámbito tratado con posibilidades de entendimiento, de colaboración e incluso de fructificación de los intereses.

• *Con un mensaje inicial negativo.* Gestiones e iniciativas infructuosas, acuerdos o tentativas de entendimiento difíciles o incluso ausencia de consideración o inconsecuencias relacionadas con compromisos pasados.

Este arcano señala una penetración constructiva penosa, retrasada o antagonismos y divergencias de intereses respecto al ámbito tratado en la pregunta.

Seis de oros

Representa la limitación financiera, la falta de medios materiales y la precariedad del día a día. Se refiere siempre a una frustración escondida en la vida social que implica sacrificios, problemas de dinero, deseos insatisfechos, proyectos materiales diferidos, etc. Lo encontraremos a menudo en las preguntas relacionadas con la falta de oportunidades, de apoyos, las dificultades monetarias y las incertidumbres.

• *Con un mensaje inicial positivo.* Conclusiones progresivas a pesar de medios y condiciones difíciles. Este arcano indica una posibilidad que se puede atrapar a pesar de un entorno penoso o riguroso, la credibilidad de la cuestión respecto a una respuesta favorable posible. Señala también una puesta a punto o una organización difíciles pero que pueden llevar a satisfacciones progresivas.

• *Con un mensaje inicial negativo.* Las condiciones correspondientes a la pregunta planteada serán difíciles y con conclusiones positivas poco probables. Este arcano indica una falta de medios, una desorganización o una falta de motivación del actor que tiene más interés en esta cuestión. Influye alrededor de esta pregunta un entorno humano carente de interés, mal informado, desunido o indiferente.

Cinco de oros

Este arcano, muy positivo, representa la creatividad, el ingenio y la habilidad en nuestra vida práctica diaria: representa la inteligencia y la inspiración que pueden alzar cualquier situación sobre bases evolutivas y estimulantes. Se encuentra a menudo en los periodos de creación social y material. Influye en las buenas ideas, las estrategias acertadas, la suerte material y financiera, las ganancias o las ventajas inopinadas, etc. Indica siempre un periodo generalmente fausto en el que las condiciones benéficas están presentes, marcadas por el actor que tiene más interés en el tema tratado.

• *Con un mensaje inicial positivo.* Investigación que puede concluirse rápidamente, poder de penetración general o disposiciones que permiten a la situación estudiada evolucionar sobre buenas bases. Este arcano favorece la estimulación, la determinación y la facilidad de acción para el actor más interesado por la cuestión tratada así como perspectivas que van directas al éxito, a la conclusión o a la consagración.

• *Con un mensaje inicial negativo.* Complicaciones, gestiones o acuerdos con una gran determinación para el personaje central de la pregunta planteada en condiciones difíciles. Este arcano indica una confianza, un proselitismo o un militantismo que emana del actor que tiene más intereses en la situación estudiada a pesar de un entorno general negativo u opuesto a los objetivos aludidos.

Cuatro de oros

Se trata del arcano de la prudencia financiera, de las adquisiciones inmobiliarias, de la economía, de las inversiones, de las especulaciones y de las preocupaciones que se refieren al patrimonio. Entra en juego en el momento en que se invocan los intereses materiales familiares, es garantía de su estabilidad y de su aumento, y defiende el valor de las adquisiciones tal como son. Lo veremos a menudo cuando se trate de inversiones por mudanzas, de enriquecimiento del patrimonio, o cuando alrededor del lugar de residencia graviten situaciones sobre temas materiales, geográficos, familiares, emocionales, psicológicos…

• *Con un mensaje inicial positivo.* Intereses familiares o materiales serán protegidos o la razón que falta influirá sobre la unidad. Este arcano favorece los intereses reunidos alrededor del patrimonio, de los valores familiares o de una estrategia federativa que va en ese sentido. Influye en el sentido común, la razón, las buenas decisiones y las políticas de reunión.

• *Con un mensaje inicial negativo.* Divergencias que se oponen a la sabiduría, a la prudencia y a la unidad a través de los intereses divergentes o del materialismo ciego. Este arcano puede indicar también bloqueos, retrasos o antagonismos que gravitan alrededor de intereses comunes, así como pérdidas, disgustos o perspectivas materiales desfavorables. Influye sobre gastos imprevistos, errores o abusos.

Tres de oros

Al igual que el tres de bastos, este arcano rige la comunicación eficaz y constructiva que tiene intereses concretos y centrados sobre finalidades y conclusiones materiales o financieras y pragmáticas: contactos, gestiones, procedimientos para la puesta en marcha de un plan, desplazamientos de negocios, acuerdos y entrevistas, correo de carácter financiero, etc. Representa esfuerzos de apertura mediante gestiones orientados esencialmente hacia un provecho, una codicia material o un interés cualquiera puesto que rige una comunicación pragmática y cartesiana. Lo veremos sobre todo durante discusiones o contactos fuera del campo relacional y afectivo por razones sociomateriales.

• *Con un mensaje inicial positivo.* Contacto latente que puede fraguarse con las perspectivas previstas en la pregunta planteada: correo que llega, entrevista fecunda, interpelación concreta o intercambio constructivo mediante una apertura premeditada. Este arcano representa en su origen un elemento comunicativo en trámites ajustado sobre las condiciones generales actuales del ámbito tratado.

• *Con un mensaje inicial negativo.* Deben temerse retrasos o desorganizaciones en las gestiones o en los procedimientos correspondientes al tema tratado: correo, llamada o contacto que se retrasan o que no están a la altura de las esperanzas. Este arcano indica elementos perturbadores en la puesta en marcha de un procedimiento, de una formalidad o de algo concluido; pone en evidencia esfuerzos de persuasión, de perseverancia o de credibilidad para poder alcanzar un terreno positivo en el ámbito tratado. Señala falsas promesas o actores inconsecuentes alrededor de la cuestión.

Dos de oros

Arcano de poca envergadura, representa pequeñas elecciones materiales o financieras que hay que realizar, una estrategia o una política difíciles de determinar, temores materiales o una inconsecuencia, un abuso o un error en el ámbito del dinero. Interviene sobre todo en situaciones complicadas que dejan al personaje central a la expectativa, en una confusión o en un juicio materialista equivocado.

• *Con un mensaje inicial positivo.* Retorno de una pequeña oportunidad material, recuperación de una pequeña ventaja o final de un pequeño estancamiento financiero. Este arcano indica también a veces una toma de conciencia de interés o una comprensión mejor de las condiciones generales para el actor central del tema tratado.

• *Con un mensaje inicial negativo.* Pequeños fracasos materiales y financieros, problemas de dinero o malas apreciaciones de los intereses en juego en relación con la pregunta planteada. Este arcano indica una estrategia mal definida o una organización general que deja mucho que desear por parte del actor central del ámbito tratado. Favorece las pérdidas, los vagabundeos de juicio y las faltas de responsabilidad.

Definición de los 14 arcanos menores de espadas

As de espadas

Representa la fuerza en todos sus posibles sentidos: potente poder de decisión, fuerza de penetración, energía focalizada sobre un objetivo único, inversión personal centrada sobre el deseo prioritario, las envidias estimulantes o el entusiasmo del provecho máximo. Se trata sobre todo de la potencia que se representa en este arcano convertida en impulso primario, en el ímpetu desprovisto de raciocinio, la densidad total del acto procedente del deseo y la belleza inmaculada de la exaltación y de la pasión pura. Lo veremos en todos los casos en los que esta fuerza esté en su apogeo, en su inicio brutal o en su finalidad victoriosa.

• *Con un mensaje inicial positivo.* Iniciativa de envergadura o decisión capital imperativamente relacionadas con la evolución del sujeto interesado en la cuestión. Este arcano influye considerablemente la puesta en marcha de una gestión esencial para el ámbito tratado o una finalidad lógica y deseada en el marco de las perspectivas anheladas. Un acto crucial que nacerá o llegará a la madurez a través del actor más inclinado a actuar en el tema interesado.

• *Con un mensaje inicial negativo.* Clima negativo por el temor de un acto obligado pero no consentido: enemigo que se excita, miedo a las represalias, consecuencias nefastas de una inconsecuencia, de una irresolución u obligación penosa que será necesario llevar a cabo mediante la fuerza y la tensión. Este arcano señala la imposición cueste lo que cueste de una fuerza capital en un clima difícil, fuerza que emana peligrosamente del actor interesado o fuerza convergente inexorablemente contra él. Es necesario interpretar con esta posición enormes problemas y urgencias que no irán generalmente en el sentido de los intereses del personaje central de la pregunta planteada.

Rey de espadas

Este personaje representa siempre la instancia legal con la que tenemos que conformarnos obligatoriamente sea cual sea la situación en juego. Se trata generalmente de un hombre oficial que tiene una misión importante, una prerrogativa legal o una autoridad específica en el ámbito en cuestión: diputado, alcalde, funcionario, alto grado del ejército o de la policía, titular de un cargo judicial, arrendador, un hombre con el que tenemos obligaciones claras en un momento determinado, en un marco social preciso o en una situación económica específica. Lo encontraremos inexorablemente durante los periodos que incluyen problemas, gestiones, procedimientos o litigios: es el que decide, el que ataca, el que controla, el que regula, el que corta o condena.

• *Con un mensaje inicial positivo.* Aval positivo de una autoridad correspondiente al ámbito tratado en la pregunta: puede tratarse de una ayuda, de una credibilidad realista, de una disponibilidad nueva, todo ello en un sentido de acción y de realización. Este arcano señala a menudo también la transferencia del actor principal hacia la imagen del rey, un actor que se convierte brutalmente en determinado, decidido, exigente o impulsivo respecto a las concreciones ante la situación en causa.

• *Con un mensaje inicial negativo.* Antagonismo representado por el rey, es decir, que emana de un personaje central que tiene el poder de realización en la pregunta planteada. Puede tratarse también de sanciones latentes o de fuertes divergencias que vienen de un actor que dispone de medios. Este arcano significa la inminencia de un obstáculo humano de envergadura que puede ser social, profesional o del comportamiento.

Reina de espadas

Personaje femenino investido de poderes idénticos a los del rey o que gravita alrededor de las mismas prerrogativas e incluso las usurpa: mujer pagada de sí misma, agresiva, enemiga o rival, adversaria de gran poder con la que nos encontraremos. Generalmente libre y decidida, se trata de una mujer negativa para nuestros intereses, una amiga o una ex amiga nefasta para el equilibrio del ámbito interesado. Será la persona que nos acosará moralmente, socialmente o físicamente en contacto riguroso, que inspira antipatía, rechazo y animosidad.

• *Con un mensaje inicial positivo*. Mujer activa y determinada que obtiene sus triunfos cerca de los nuestros. Puede tratarse también de una rival que transigirá o modificará su posición según los intereses en juego en la pregunta planteada. Este arcano indica un triunfo humano mayor que puede consolidar las posibilidades de realización.

• *Con un mensaje inicial negativo*. Personaje femenino que puede estar en desacuerdo violento con las esperanzas emitidas u oponerse impulsivamente a las realizaciones deseadas. Mujer negativa para nuestros intereses o que se comporta de forma nefasta con los deseos emitidos en las perspectivas de la cuestión tratada.

Caballo de espadas

Este arcano representa una prueba para nuestro potencial de acción en un clima de urgencia o de impulsividad, lo que supone antagonismos o un entorno general propicio para las rivalidades o incluso para los conflictos. Se trata de un arcano de fuerte iniciativa pero siempre en un ambiente conflictivo en el que la animosidad, el peligro, el riesgo, el sacrificio y el combate serán frecuentes. Lo encontraremos en las situaciones que solicitan un esfuerzo inmediato, un sobresalto inopinado o una iniciativa urgente mediante noticias negativas, replanteamientos de la situación, o a través de acciones exteriores independientes.

• *Con un mensaje inicial positivo*. Esfuerzo en suspenso que permite un acceso franco a los problemas en cuestión: iniciativa constructiva que emana del actor central de la pregunta planteada u oportunidades premeditadas que dejan suponer una evolución en la situación actual.

• *Con un mensaje inicial negativo.* Interferencias del comportamiento negativas para los deseos emitidos en la pregunta planteada debido a antagonismos exteriores, a obstáculos humanos o a la inconsecuencia de los actos del actor principal. Este arcano indica a menudo dificultades que emanan de terceras personas que no tienen ningún interés en las perspectivas expresadas a través de la cuestión tratada.

Sota de espadas

Se trata de un arcano generalmente negativo que representa los problemas o las contradicciones que emanan de terceros que no tienen ninguna afinidad con nuestro equilibrio del momento. Implica a menudo el antagonismo breve de una persona agresiva a nuestros ojos, su frecuentación obligada o incluso una colaboración profesional a través de la cual nos sentimos obligados. Lo encontraremos cuando la situación estudiada haga intervenir a personas antipáticas, distantes, egoístas, con malas intenciones y poco fiables. Representa también los correos urgentes, desfavorables, las cargas y los problemas socioprofesionales.

• *Con un mensaje inicial positivo.* Temor a un contacto cercano y problemático que puede tener lugar más allá de las esperanzas o acuerdo obligado con una persona que no tiene ninguna afinidad con los intereses en juego y que deja presagiar aperturas o satisfacciones. Este arcano puede significar también aproximaciones humanas en condiciones satisfactorias a pesar de los antagonismos o apatías que provienen del personaje central de la pregunta planteada.

• *Con un mensaje inicial negativo.* Frecuentación negativa y obligada de un personaje que no siente ninguna simpatía por los intereses en juego en la pregunta: puede tratarse del actor central del tema tratado o de un antagonismo que surge desfavorablemente en el desarrollo de los hechos en suspenso. Este arcano hace intervenir generalmente antipatías directas y francas en las consideraciones futuras de la pregunta planteada.

Diez de espadas

Este arcano concreta también una fuerza de acción focalizada sobre un objetivo preciso que implica prontitud, vivacidad y sobre todo intensidad: se trata de la acción urgente y perfectamente controlada que tenemos que llevar a cabo rápidamente y con seguridad, la fuerza de penetración contundente orientada indiscutiblemente sobre su objetivo. Implica generalmente actos importantes en un clima difícil. Lo encontraremos a menudo en las situaciones que escenifican una obra de envergadura, una acción final o la concreción de una realización por sus propios métodos en un ambiente generalmente muy activo e incluso conflictivo.

• *Con un mensaje inicial positivo*. Iniciativa capital subyacente de la pregunta planteada, iniciativa latente que emana *a priori* del actor más interesado por esta pregunta. Este arcano indica que una acción en suspenso podría ponerse en funcionamiento sobre los objetivos más implícitos del ámbito tratado. Indica una superactividad de los elementos en juego en la pregunta por un acto mayor hacia la conclusión más lógica o más cercana de los medios prácticos del actor en causa.

• *Con un mensaje inicial negativo.* Iniciativa capital y necesaria que sólo puede realizarse o cumplirse en un clima globalmente difícil o conflictivo. Este arcano significa algo activo inevitable en suspenso respecto a las condiciones generales de la pregunta planteada: coacción, acto obligado o acercamientos que se realizan de forma impulsiva o agresiva. Puede influir a en veces las perspectivas de una sanción, de un litigio o de un conflicto relacional a través del ámbito tratado.

Nueve de espadas

Este arcano representa la espada de la justicia y de la conformidad a través de reglamentos y dogmas pero también a través de nuestros principios personales más elementales. Interviene en el momento en que un derecho es ridiculizado, en el momento en que una idea de la vida es desviada o en el momento en que nuestros ideales son maltratados en nuestro sistema diario. Lo encontramos en las tensiones sociales, relacionales, conyugales, sentimentales, etc., para defender un derecho, una prerrogativa, para emitir consideraciones o quejas personales, en definitiva, para conceder la palabra a nuestro pensamiento superior, a nuestro ideal o a la ética del ámbito en causa. Puede actuar tanto a través de un abogado, de un consejero o de una institución como por medio de un acuerdo o un debate de ideas.

• *Con un mensaje inicial positivo*. Acercamientos humanos o acuerdos en un sentido fértil: arte de convencer, proselitismo, fe y sinceridad que emanan de una acción positiva en el ámbito tratado con la pregunta. Este arcano estimula el optimismo y el sentido común del actor interesado en la pregunta e incluso favorece aperturas que alían la conciliación, la comprensión y la ética. En los casos de litigio subyacente en la pregunta planteada, puede significar victoria o ventaja en perspectiva.

• *Con un mensaje inicial negativo*. Riesgos de sanción, superación de prerrogativas o separaciones legales o éticas por parte del actor central del ámbito interesado. Este arcano indica un abuso en relación con conveniencias generales o conformidades personales, la usurpación de un derecho, de una idea o de un acto a través de la situación en cuestión. Influye a veces en los desenlaces de proceso o de conflictos en un sentido negativo para el actor que tiene más interés en el tema.

Ocho de espadas

Este arcano no anuncia nada bueno; de hecho, representa lo peor. Es con diferencia el arcano menor más nefasto puesto que, a la manera del arcano 13, no incluye ninguna idea de reconstrucción. Rige por lo tanto la destrucción, los golpes de gracia, las desestabilizaciones brutales, los antagonismos violentos, los problemas y las pruebas, los agravamientos, las rupturas y la violencia, etc. Implica dificultades ampliamente por encima de las complicaciones, lo que matiza su sentido maléfico y pérfido, compañero de la desgracia y de la destrucción. Es el arcano de las pruebas, de los problemas mayores o de las conclusiones fatales.

• *Con un mensaje inicial positivo*. Importante asunción de riesgos, potentes esfuerzos o combate desigual que de todos modos se sitúa sobre perspectivas de satisfacción. Este arcano indica a menudo una victoria sobre problemas con un factor suerte bien establecido o la recuperación inesperada de una ventaja en perspectivas inopinadas. Influye también sobre un esfuerzo saludable, un giro positivo inesperado, un acto no premeditado que instaura una mejora o un nuevo enfoque general favorable.

• *Con un mensaje inicial negativo*. Puesta en juego de todo lo que puede ser negativo o trágico en la situación estudiada, como un proceso que se dirige hacia el peor escenario o hacia conclusiones muy desfavorables. Este arcano indica desgracia, consolidación de los problemas, etc.

Siete de espadas

Esfuerzos de comunicación, aperturas y realizaciones por los propios méritos en un clima de rivalidades y antagonismos. Este arcano indica acuerdos y satisfacciones sólo a la altura de esfuerzos consentidos. Se trata de un arcano de éxito, de proeza o de sobresalto, activado por una voluntad de vencer o de conseguir un deseo, una prioridad o una urgencia. Lo encontraremos ante un combate estimulado por la razón y la confianza en uno mismo ante un problema conflictivo o difícil con perspectivas de conclusión o de mejora. Está también activo en el ámbito afectivo, en el que representa la atracción, la voluptuosidad y los deseos que emitimos o que captamos.

• *Con un mensaje inicial positivo.* Obstáculos y pruebas que pueden ser superados, iniciativa juiciosa basada en una comunicación saludable que puede llegar a ser capital o apertura que se debe atrapar en condiciones poco propicias. Este arcano indica una penetración sobre los demás por la fuerza, la estimulación, la verdad y la convicción para el actor más implicado en la cuestión en juego.

• *Con un mensaje inicial negativo.* Potencia contrariada que va contra los intereses o las ventajas del actor central del ámbito tratado. Este arcano influye considerablemente en los intereses conflictivos, las conciliaciones difíciles, las colaboraciones tempestuosas o las realizaciones sin resolver. Incitación a los celos, a la venalidad, a las relaciones afectivas basadas en el interés, en la hipocresía y en la agresividad material.

Seis de espadas

Como los demás seises, este arcano representa la limitación y la restricción pero, en este caso, en el ámbito de la acción y del coraje. Indica la impotencia de actuar, la falta de discernimiento y el nerviosismo frente a los obstáculos o antagonismos; actúa también a menudo sobre el plano moral favoreciendo la depresión nerviosa, los problemas de salud, la ansiedad enfermiza, la falta de energía, las indisposiciones, etc.

Arcano de mala suerte que impone adversidades difíciles de superar por falta de medios, de determinación o de apoyo.

• *Con un mensaje inicial positivo.* Recuperación de una ventaja física o moral para el personaje central de la pregunta planteada e incluso el final de un periodo moroso. Señala medios reducidos, una limitación de acción, coacciones u obligaciones inevitables pero siempre con posibilidades de realización. Influye en las recuperaciones de salud, moral o física.

• *Con un mensaje inicial negativo.* Proliferación de pequeños problemas, preocupaciones, trastornos y contrariedades de todo tipo. Falta de discernimiento, de juicio y de apoyos para el actor en juego ahogado por su microcosmos moral irreversiblemente negativo. Este arcano influye en los trastornos de salud, los estados depresivos, la agresividad ambiental, la mala suerte y una falta general de medios.

Cinco de espadas

Se trata del arcano de las grandes emociones, de los gritos del alma y de los suspiros de la pasión… Rige todo lo que no es emoción corriente: flechazo, amor pasional, impulso sexual, deseo intenso o fuerza creadora e inspiradora. Todo lo que es de orden puramente creativo es de su incumbencia, así como el ámbito de los niños en un sentido de amor y de protección. Lo encontramos a menudo en situaciones afectivas o pasionales, en las que instaura un clima de intensidad personal que ilumina el deseo y la creatividad, la fuerza de amor y el sentimentalismo potente así como en el ámbito de los niños en general.

• *Con un mensaje inicial positivo.* Fuerza creadora y pasional al servicio del actor central de la cuestión: sobresalto psicológico, despertar, revelación moral, estimulación creativa o determinación potente por lo que a él se refiere. Este arcano instaura una pasión guiada por la fe, la verdad o el talento artístico hacia una liberación de la trivialidad, de la mediocridad o de un clima negativo.

• *Con un mensaje inicial negativo.* Pasiones desviadas de sus órbitas y que pueden volverse contra su emisor: celos, venalidad, hipocresías, codicias peligrosas, usurpaciones, etc. Este arcano indica una esclavitud pasional alimentada por uno mismo o por actores exteriores y difíciles de anular a causa de su intensidad. Influye también sobre los problemas que provienen del comportamiento de los niños.

Cuatro de espadas

Activa animosidades diversas dirigidas contra la unidad familiar, su equilibrio y sus bienes. Se trata de un arcano de replanteamiento forzado que implica coacciones o agresividades que desestabilizan las experiencias generales de nuestra esfera de vida: lo veremos a menudo durante las enfermedades, las tensiones familiares, las crisis conyugales o afectivas y en ambientes impulsivos alimentados por los miembros de la familia. Rige todas las negatividades orientadas hacia nuestro patrimonio afectivo familiar tanto si son de orden físico como psicológico, material o emocional.

• *Con un mensaje inicial positivo*. Recuperación de una ventaja familiar, final de conflictos domésticos, bienestar físico o psicológico alrededor de la esfera habitual de vida. Este arcano indica que un ambiente general conflictivo podría ser derrotado con energía por el actor más interesado en la pregunta. Favorece la curación, el equilibrio moral, el sentido común y la resolución de problemas.

• *Con un mensaje inicial negativo*. Conflictos inminentes o que duran y repercuten sobre la ósmosis familiar y su integridad. Este arcano indica mucha negatividad en órbita alrededor del hogar, de sus intereses, de su situación o de sus miembros. Acentúa las tensiones, las crisis y las rupturas, las enfermedades y los conflictos familiares mediante una tensión negativa constante y activa.

Tres de espadas

Puesto que los tres son arcanos de comunicación, este rige la comunicación que va desde la integridad hasta la agresividad. Influye las aproximaciones construidas sobre la vivacidad, la prontitud, la franqueza o sobre los criterios imperativos; por ello, lo encontraremos en situaciones que incluyen procedimientos y gestiones urgentes o incluso en situaciones que indican una comunicación urgente y prioritaria: implica riesgos de desviación hacia la agresividad, la impaciencia e incluso la tiranía del interés.

• *Con un mensaje inicial positivo.* Aumento de la comunicación debido a la urgencia de los imperativos: aproximaciones urgentes, contactos que pueden realizarse rápidamente, criterios generales que solicitan urgencia y eficacia, etc. Este arcano señala iniciativas rápidas que pasan por una comunicación espontánea generalmente no premeditada, noticias frescas inminentes, respuestas que llegan o acuerdos animados y constructivos a corto plazo.

• *Con un mensaje inicial negativo.* Antagonismos y obstáculos inminentes a través de contactos o de noticias: riesgo de disputa, de conflicto verbal, de tropiezos relacionales o de imposibilidad de conciliación. Este arcano indica dificultades en las relaciones que tienen que ver con un procedimiento o una gestión para el actor principal de la pregunta planteada. Influye en los correos desfavorables.

Dos de espadas

Representa la perplejidad cruel y penosa: no se sabe qué hacer, cómo actuar, cómo pensar, cómo alejarse de un malestar general. Se trata de un arcano de espera y de pasividad forzadas que señala que no nos encontramos actualmente a la altura para enfrentarnos a la situación; indica por lo tanto nerviosismo, agresividad, preocupaciones morales y animosidades del comportamiento. Sus efectos son breves pero intensos; proyecta al actor interesado sobre la órbita de la duda, de la ansiedad y de la impotencia pasajera.

• *Con un mensaje inicial positivo.* Final de las incertidumbres, ausencia de reacción o de pasividad para el actor central del ámbito tratado. Este arcano influye considerablemente en las posibilidades de conciliación, de comprensión, haciendo intervenir una cierta tolerancia o momentos lúcidos que instauran un nuevo clima. Anuncia generalmente el final de un problema particular o de una duda.

• *Con un mensaje inicial negativo.* Consolidación de las rivalidades y divergencias en el ámbito tratado: tozudez, mala fe, negligencia voluntaria o comportamiento focalizado sobre futilidades o causas secundarias por el actor interesado en la cuestión en juego. Este arcano influye en la duda, en la ansiedad, en la irresolución frente a un problema particular o en la tiranía ciega de los intereses en juego.

Afinidades de los arcanos mayores y menores con algunos ámbitos vitales

Sin pretender con ello crear generalidades o reglas estrictas, los arcanos mayores y menores tienen afinidades evidentes con los ámbitos de la vida que se tratan en esta obra.

AFINIDADES DE LOS ARCANOS MAYORES Y MENORES
CON LOS ÁMBITOS VITALES

Ámbitos tratados	Mayores positivos	Mayores negativos	Menores positivos	Menores negativos
Familiar	Papisa - Sol - Luna - Fuerza	Torre - Juicio - Muerte	Copas - Bastos - Oros	Espadas
Relacional	Emperatriz - Papa - Justicia - Rueda de la Fortuna	Ermitaño - Diablo - Templanza - Luna	Copas - Bastos	Oros - Espadas
Socioprofesional	Fuerza - Emperador - Mago - Mundo	Ahorcado - Diablo - Torre	Espadas - Bastos	Copas - Espadas
Material y financiero	Luna - Papisa - Emperador Torre	Loco - Rueda de la Fortuna -	Oros - Bastos - Copas	Espadas
Sentimental	Sol - Fuerza - Emperatriz	Luna - Ahorcado - Torre	Copas - Bastos	Espadas - Oros
Comportamiento psicológico	Mago - Papa - Rueda de la Fortuna - Sol	Luna - Diablo - Ahorcado - Muerte	Bastos - Copas	Oros - Espadas
Salud	Mago - Sol - Templanza Torre	Muerte - Diablo - Copas	Oros - Bastos -	Espadas
Tiempo	Rueda de la Fortuna - Juicio - Mundo	Ermitaño - Justicia - Ahorcado Luna	Espadas - Bastos Oros	Copas

Sería más justo decir que algunos arcanos del tarot intuitivo mantienen lazos muy estrechos con algunos ámbitos o que su potencial se encuentra en reciprocidad con los temas en cuestión. Con la experiencia, esto se hace evidente con los arcanos mayores a causa de su pertenencia a una virtud, a una cualidad y a un sentido específico, y en menor medida con los arcanos menores, que tienen sólo una pertenencia limitada y precisa a menudo relacionada con un acto, con un sentimiento o con un estado de ánimo: si es verdad que el Ermitaño está poco exteriorizado y no se hace mucho con los apóstoles de la comunicación, sucede lo mismo con los arcanos de oros, que saben en cambio comunicar bien, pero esencialmente en un sentido práctico o lucrativo. Por lo tanto, encontrará los oros en «Menores negativos» en el apartado «Relacional», como si tuvieran poca afinidad con una comunicación tal como la desarrollan las copas y los bastos.

El peligro se encuentra en decir, en una tirada relacionada con el ámbito relacional, que un arcano de oros será negativo para una relación en juego, algo que es falso, evidentemente. A juzgar por la sinceridad de un arcano de copas, el de oros estará muy interesado materialmente en esta relación en causa.

Por todo ello, la tabla de la página precedente no es más que una representación de las cualidades comparativas de los arcanos del tarot intuitivo. Le ayudará a afinar su primera impresión durante el descubrimiento de los arcanos en juego familiarizándole con sus preferencias y sus aversiones.

EJERCICIOS
E INTERPRETACIONES

Ejemplos de desarrollo del tarot intuitivo

En la vida familiar

EJEMPLO 1

«¿Cuáles serán las condiciones intelectuales de mi hijo durante este trimestre escolar?»

El mensaje inicial se encuentra bajo la égida de la Templanza, que indica un progreso intelectual relativo y lento que deriva enseguida sobre el arcano menor de la izquierda (seis de espadas), resaltando duros esfuerzos en perspectiva con fases de desánimo en juego. El menor de la derecha (tres de copas) suaviza a continuación la tensión transformándola en objetivos que pueden alcanzarse pero tributarios de las espadas de la izquierda.

El derecho se remonta a continuación hacia el arcano mayor inicial apoyando por tanto una alternancia de esfuerzos (espadas), de pequeñas satisfacciones (copas) y de progresos bastante lentos (ausencia de jerarquía en esta tirada).

Por lo tanto, será necesario esperar periodos intelectuales muy profundos y tensiones morales de gran potencia pero que no deberían alterar la posibilidad de acceder a una clase superior (ausencia de grandes obstáculos).

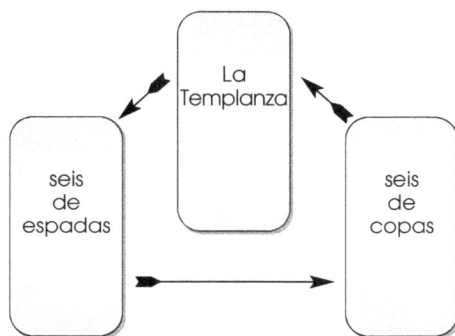

«¿Cómo irán las vacaciones de verano con nuestros hijos?»

El tercer arcano del tarot indica un clima de felicidad, juventud y movimiento comunicativo, lo que podría significar conocimientos nuevos o encuentros agradables ya que este arcano mayor deriva sobre el menor de la izquierda, favoreciendo intereses socia-

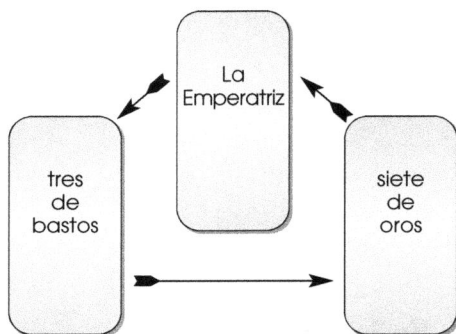

les, franqueza y debates interesantes (tres de bastos). Este arcano que sigue a la Emperatriz parece activar también desplazamientos, visitas, paseos o curiosidades intelectuales (tres de bastos) que sazonarán las vacaciones. El arcano menor de la derecha que emana del de la izquierda indica un seguimiento concreto (oros) de estas vacaciones como resoluciones que derivan de estos movimientos (siete de oros): por lo tanto, quizá se decida a mantener los contactos, verse de nuevo o prever otras vacaciones bajo criterios nuevos: el arcano de la izquierda se remonta hacia el mayor central «activando de nuevo» un nuevo ciclo debido a su naturaleza. Estas vacaciones serán prolíficas y activas (Emperatriz), incluirán una comunicación nueva constructiva (tres de bastos) y lanzarán nuevas bases para estos contactos (siete de oros que viene del tres de bastos).

EJEMPLO 3

«¿Encontraré un apartamento de alquiler en el barrio que me gusta?»

A simple vista, este deseo puede llegar a cumplirse por la presencia de arcanos constructivos que escalonan un proceso en condiciones bas-

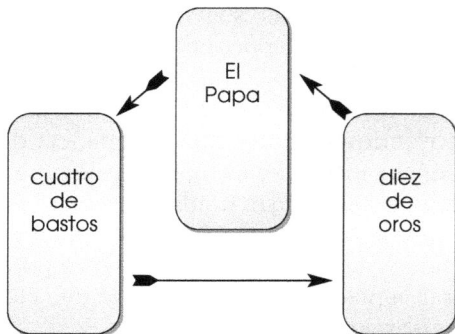

tante positivas. El Papa traduce siempre una noción de consejo, de legalidad, de intervención moral, etc. En este caso parece indicar una vía de investigación que no utiliza los medios habituales, como agencias, publicidad, anuncios... Por lo tanto, se debe esperar la llegada de una ayuda externa, puesto que este arcano mayor proyecta uno menor de la izquierda bastante concreto que muestra tratos inmobiliarios o que se refieren al domicilio (cuatro de bastos), este deriva sobre el menor de la derecha, todavía más constructivo, que hace intervenir un pequeño capital, una suma de dinero o una conclusión financiera (diez de oros). Encontramos aquí fuertes probabilidades de que una tercera persona intervenga para hacer realidad este proyecto con bastante rapidez (ausencia de obstáculos y presencia de menores evolutivos). La presencia del Papa aliado directamente con el cuatro de bastos influye en la idea que permite un trabajo intelectual en el domicilio, lo que será efectivamente el caso unos meses más tarde cuando el traslado se realice.

Cada tirada intuitiva anuncia inicialmente lo factible o lo imposible, una coloración positiva o negativa, un sentido favorable o desfavorable que a continuación es necesario matizar para apreciar todas sus condiciones generales.

En la amistad

EJEMPLO 4

«*¿Cómo está una amiga de la que no tengo noticias desde hace mucho tiempo?*»

El arcano mayor del centro muestra un rigor, una austeridad e incluso una especie de desenlace alrededor de esta mujer (la Justicia).

A priori el ambiente general no parece muy feliz. ¿Está analizando la situación? ¿Se encierra en una política opresora? El arcano menor de la izquierda señala el ámbito interesado por este repliegue: el ideal y la ética (nueve de espadas), que parecen confrontarse en reflexiones que conducen a la

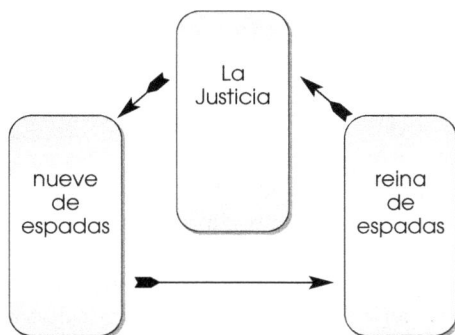

nueve de espadas — La Justicia — reina de espadas

fuerza (espadas) por un derecho o un ideal a través de la ley o una prerrogativa legal (nueve de espadas). ¿Un divorcio? ¿Un asunto matrimonial? Parece muy probable, dado que el menor de la derecha amplifica este clima de revolución y de defensa en un sentido todavía más agresivo y determinado (reina de espadas); este último arcano representa bien a esta mujer en una lucha muy impulsiva (espadas). En el caso de un rey en lugar de la reina, será la pareja la que represente esta rebelión; en el caso que nos ocupa, la reina muestra el comportamiento resuelto de esta mujer como una transferencia de su espíritu actual hacia este arcano menor explícito que se remonta hacia la Justicia y muestra una energía, un sobresalto, una voluntad para acompañarse de una coacción o una emancipación que parece asumida. La ley parece cercana o en curso, lo que deja imaginar para esta mujer preocupaciones en perspectiva…

EJEMPLO 5

«¿Puedo confiar en esta persona?»

La Rueda de la Fortuna nos muestra a una persona activa, inquieta pero oportunista e imprevisible. El arcano mayor fecunda el menor de la derecha describiendo relaciones triviales (sota), interesadas (oros) y secundarias (sota de oros) de este actor. Simpatía y originalidad (la Rueda de la Fortuna) pero falta de seguimiento o de seguro práctico (sota de oros), sentido de este arcano cartesiano pero subalterno que activa a su vecino de la izquierda desvelando la incoherencia y la inconstancia de los actos (oros y espadas) de esta persona a través de una limitación (sentido de los seis) de su voluntad y de sus esfuerzos (espadas) que pueden llegar a provocar problemas y disgustos (seis de espadas). Esta persona es amable, agradable y llena de buena voluntad a simple vista (arcano mayor positivo), pero que su trato o su colaboración no prevén nada consistente, nada concreto o nada realmente aprovechable (sentido de los arcanos menores muy su-

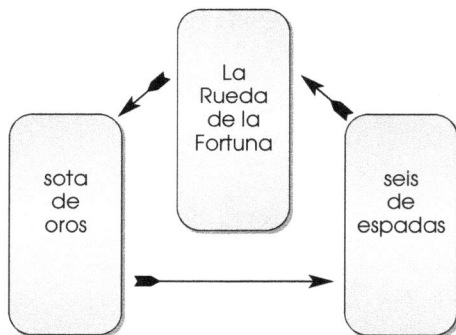

balternos jerárquicamente). La confianza que se establezca tiene que ser por lo tanto muy relativa puesto que este actor parece tener una tendencia a los problemas crónicos (seis de espadas que reactiva la Rueda de la Fortuna como un proceso cíclico) o a las inconsecuencias de sus compromisos personales. Esta tirada ilustra la mediocridad relativa de esta personalidad, pero este criterio interesa a la perspectiva del compromiso de confianza de la persona que plantea la pregunta, ya que todo el mundo tiene defectos que la tolerancia tiende a suavizar.

EJEMPLO 6

«¿Cómo evolucionará esta reciente amistad?»

Hay mucho vigor en esta tirada, que demuestra el ambiente amistoso y vital que se prepara: el actor principal de este encuentro está representado por la Fuerza, un arcano que desprende una fuerte personalidad y una gran energía. Por lo tanto, se producirán otros encuentros positivos y activos con esta nueva amistad mediante iniciativas estimulantes (Fuerza) que derivan en proyectos o sugestiones que parecen futuras actividades o pasiones compartidas (as de bastos activado por la Rueda de la Fortuna). Parece que el principal personaje de este encuentro busca también puntos de unión mediante una ayuda mutua o una comunicación por el servicio, el consentimiento o el compromiso total (as de bastos) que propulsa a su beneficiario (quien plantea la pregunta) hacia la molestia o la incapacidad material de reciprocidad (dos de copas). Este último arcano muestra una elección emocional que se debe realizar como aceptar esta demostración de amistad y reconocimiento o rechazar la solicitud amistosa; esta última hipótesis no parece ser la buena, ya que este arcano reactiva de nuevo el arcano mayor en un sentido de continuidad automático.

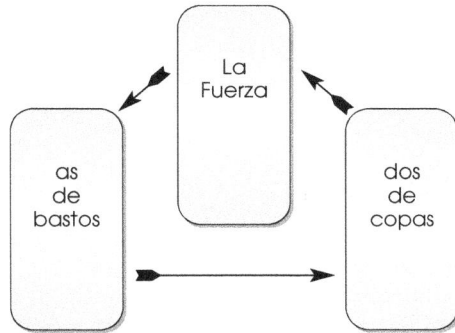

Este encuentro derivará hacia una relación activa (la Fuerza) puntualizada por actividades energéticas (as de bastos) y regular, como si captara completamente la vida del autor de esta tirada: se presiente una especie de bulimia relacional que puede desamparar un poco al interesado (dos de copas), pero el conjunto de la continuidad de esta nueva amistad muestra de todos modos elementos extremadamente positivos.

La respuesta es por lo tanto muy favorable puesto que este encuentro parece capital, y esta amistad parece ganar por la mano a las costumbres de nuestro personaje que parece rápidamente superado...

■ En la vida social y profesional

EJEMPLO 7

«¿Cómo irá esta entrevista de trabajo? ¿Me contratarán?»

El arcano mayor instaura de entrada un clima de indecisión y de perplejidad respecto al tono general de esta entrevista (los Amantes).

Como en cualquier tirada intuitiva, el significado del arcano mayor arrastra inexorablemente a los dos menores tras su estela aunque los dos menores sean positivos. El menor de la izquierda parece de buen augurio, con una perspectiva de contacto y cortesía (copas) que emana de una persona situada en lo más alto (diez); puesto que encuentra esta candidatura interesante y bienvenida (diez de copas), acciona a su vecino de la derecha, que parece estipular una iniciativa, una gestión o un procedimiento en relación con el trabajo propuesto, una segunda entrevista seguramente (caballo de bastos). Sin embargo, este último menor, aunque parece constructivo, reactiva de nuevo el mayor principal conduciendo a la persona que plantea la pregunta a la expectativa como si subsistiera una duda general y fuera preciso empezar de nuevo con las entrevistas... En este punto, será necesario efectuar una nueva tirada, aunque más adelante, cuando las entrevistas se hayan terminado, para valorar si este compromiso es posible puesto que, por el momento, no parece haber decisiones concretas, y

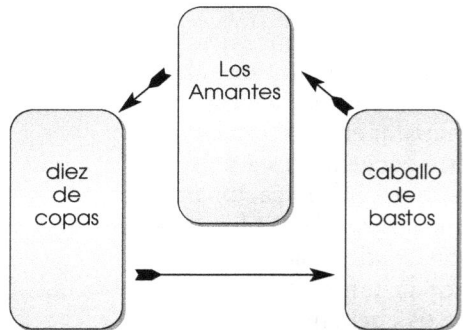

nuestro interesado puede estar dando vueltas a pesar de las promesas y de las perspectivas favorables avistadas en un primer momento (diez de copas y caballo de bastos).

EJEMPLO 8

«¿Cómo me irá esta semana en el trabajo? ¿Será buena o mala?»

La semana puede ser activa y estimulante (el Mago) o, por lo menos, todo salvo lo habitual, puesto que el primer arcano del tarot incluye una noción de empuje, de inicio, de novedad o de descubrimiento. ¿Sobre qué ámbito pondrá sus miras esta actividad semanal? El arcano menor de la izquierda demuestra un marco agradable y positivo (copas), una apertura (siete) en un sentido de oportunidad fácil de atrapar (siete de copas). ¿Esta oportunidad es una consecuencia profesional esperada o algo nuevo? El arcano menor izquierdo que deriva del mayor por encima de él muestra que esta apertura es nueva (el Mago) y que no está activada directamente por la persona que realiza la tirada; viene de una iniciativa (el Mago) exterior y oportuna (copas) como una oferta, una propuesta clara muy positiva (siete de copas). ¿Qué significa esto? ¿Es serio? El menor derecho que deriva de su vecino de la izquierda muestra un personaje (reina) interesado por una concreción de este acuerdo (oros) o que puede asumir de forma constructiva esta propuesta (reina de oros). ¿Quién es esta persona? Se trata de una persona del sexo femenino (reina), desconocida (reina que se remonta hacia el Mago) en los negocios y que dirige por sí misma su vida profesional, parece independiente, eficiente, bastante joven y simpática (reina de oros que se apoya sobre el Mago, arcano fresco y rápido, encuadrado por este arcano mayor y por copas que señalan algo agradable). Esta es por tanto la tendencia de la semana profesional: colaboraciones, sugerencias que pueden concretizarse rápidamente bajo

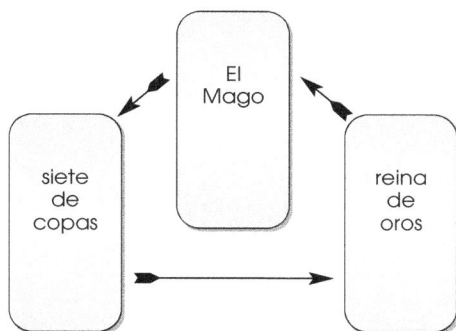

formas oportunistas gracias a un personaje que se pone de relieve en esta tirada.

Ejemplo 9

«¿Puedo realmente pedir una cita con mi superior? ¿Seré creíble?»

El arcano mayor representa al actor principal, al superior jerárquico en este caso, en una posición de escucha rígida, tranquila y prudente (Ermitaño). Parece *a priori* poco conciliador o abierto a las reivindicaciones de la persona que recibe pero se muestra por lo menos moderadamente sensible a su personalidad o a su situación (sota de copas en relación directa con el Ermitaño). Estos dos primeros arcanos no anuncian nada prometedor acerca de esta entrevista, que imaginamos claramente fría y distante (Ermitaño) aunque cortés y relativamente atenta (sota de copas). Sin embargo, el menor de la derecha electriza la tirada a través de su potencia de acción: muestra una iniciativa capital y radical directamente relacionada con las preocupaciones del visitante (as de espadas). Este menor parece indicar fuertes investigaciones (espadas) dirigidas por una autoridad (as) en un sentido de reorganización del entorno profesional actual (as de espadas que sube hacia el Ermitaño) que no pone en tela de juicio los intereses del solicitante (sota de copas situada antes del as de espadas). De esta entrevista se desprende un proyecto ya elaborado que reconsidera completamente la posición de cada uno; por lo tanto, este superior no actuará de forma espontánea ante las demandas de su visitante pero le hará comprender que muchas cosas cambiarán a largo plazo (Ermitaño), cambios importantes (as, espadas) que reestructurarán la sociedad, el personal y la jerarquía. He aquí, por lo tanto, cómo podemos interpretar en un primer momento las perspectivas de esta futura entrevista que remite a su solicitante hacia elaboraciones situadas a largo plazo.

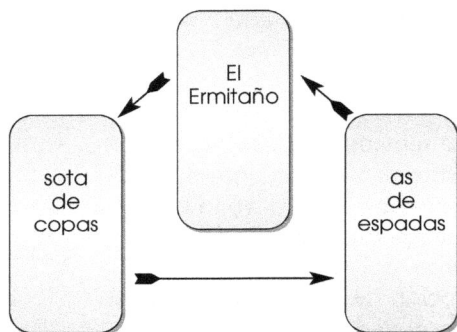

132

En los asuntos materiales y financieros

EJEMPLO 10

«¿La persona que vendrá mañana a visitarme será la que me comprará el negocio?»

Ausencia de arcanos constructivos salvo el cinco de bastos: parece que las cosas empiezan muy mal. La Torre que domina la tirada provoca un clima desagradable o inesperado, como una cita frustrada, atrasada, aplazada o anulada. De todos modos, este comprador parece tener problemas para saber lo que quiere o quizá no se siente inclinado a concebir esta visita como algo serio (la Torre). Si viene, podría estar interesado en el negocio (cinco de bastos) pero no dará continuidad al asunto (dos de oros). Es el típico negocio que no se llevará a cabo; el comprador demuestra un comportamiento estresado e inconsecuente que será necesario evitar a cualquier precio. Por lo tanto, podemos prever una pérdida de tiempo en cuanto a esta visita incluso si este comprador se manifiesta de forma inopinada (la Torre) solicitando nuevas informaciones (dos de oros).

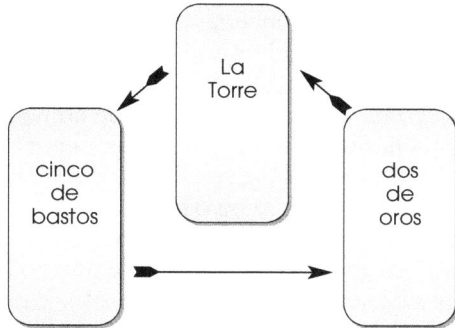

EJEMPLO 11

«¿Tendré suerte en el juego esta semana?»

El arcano mayor instaura un clima material expansionista (la Papisa) sin que podamos ver en ello el golpe de suerte o el periodo oportuno para ganar en un juego de azar (hubiera sido necesario extraer

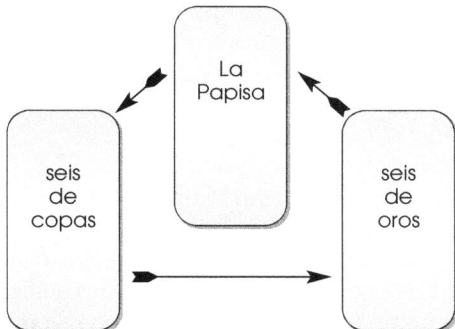

arcanos «de suerte» como las Estrellas, el Sol, el Mundo o la Luna). El arcano mayor parece mostrar de todos modos fertilidad en la cuestión (la Papisa); se trata de una imagen muy femenina y madura, lo que indica que quizás a través de los juegos de azar antiguos y seguros desde hace tiempo, emparentados con virtudes terrenas y naturales (la Papisa), podría llegar la fertilidad (carreras de caballos, loterías deportivas, etc.).

El mayor se inclina hacia el menor de la izquierda fertilizando una idea de satisfacción limitada, como una pequeña alegría, un pequeño golpe de suerte (seis de copas) que deriva hacia el arcano de la derecha fertilizando también una idea de limitación material como si esta suerte fuera limitada en sus resultados (seis de oros). Por lo tanto, las perspectivas son buenas (seis de oros que se remonta hacia la Papisa) y múltiples (dos veces un seis) pero limitadas en las consecuencias financieras (presencia de seis = limitaciones, privaciones). Estos días de suerte parecen estar en afinidad con los días de trabajo (la Papisa), lo que parece excluir fines de semana y días de descanso. Puesto que esta pregunta estaba relacionada sólo con la semana que está por empezar, se podrá proceder a otra tirada al final de la semana o al principio de la siguiente.

EJEMPLO 12

«¿Podré llegar a un acuerdo con mi banco?»

Podemos destacar para empezar una impresión general bastante positiva de esta tirada antes de su interpretación más completa: apertura, rebote favorable sobre el exterior, nuevas disposiciones y comunicación privilegiada, todo ello influido por el arcano mayor particularmente favorable a esta cuestión (el

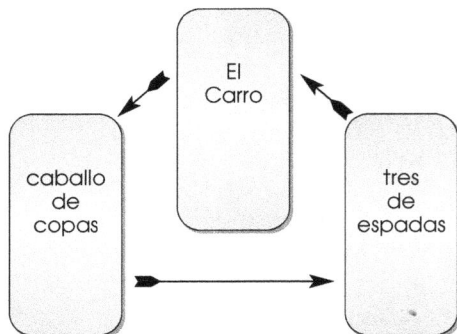

El Carro

caballo de copas

tres de espadas

Carro). Esto quiere decir que el desplazamiento (el Carro) para ir a esta cita será juicioso y útil y que ese colaborador financiero estará a la escucha de las solicitaciones materiales realizadas (el Carro). El mayor deriva sobre un menor que refuerza todavía más esta impresión de disponibili-

dad, de posibilidad de compromiso y de conciliación (caballo de copas).
¿Qué significa este arcano afectivo aquí? No representa a un enamorado
o un deseo sentimental a través de este banquero sino a un hombre dis-
puesto a satisfacer una necesidad a través de sus prerrogativas con ama-
bilidad (copas) y eficacia (caballo). El hecho de que esté aquí como caballo demuestra que no es rey ni tampoco sota, es decir, que tiene
responsabilidades más importantes que la sota pero menos que el rey, a
quien tendrá que rendir cuentas acerca de esta gestión en particular. El
segundo arcano menor es un arcano impulsivo que inspira una comunicación cortante: influyen en este caso imperativos rigurosos a través de
una concertación muy rígida (tres de espadas), como si esta disposición
favorable (Carro + caballo de copas) estuviera provista de una promesa
ejecutoria. Este último menor implica evidentemente obligaciones ine-
luctables (espadas) transmitidas por correo oficial (tres de espadas) que
recuerdan las obligaciones que comporta el acuerdo conseguido. Este es
un desarrollo de tirada intuitiva con resultados muy constructivos que
permiten prever la gestión y la entrevista con optimismo.

En la vida sentimental

Ejemplo 13

«¿Por qué no me llama? ¿Qué sucede?»

Todos los enamorados (o los que lo han estado) conocen la angustia del silencio y del eclipse afectivo inexplicable pero, por suerte, casi siempre momentáneo… El descubrimiento de los tres arcanos escogidos tranquiliza: no hay rival, no hay sorpresas, no hay problemas ni complicaciones

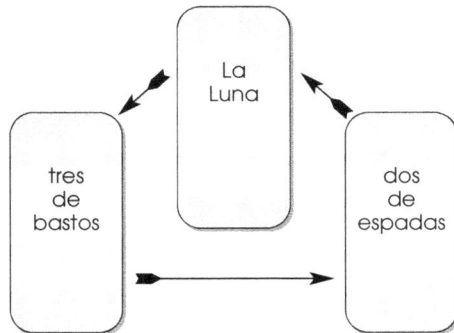

(ausencia de personajes en los arcanos menores y mayor pasivo). Este reflejo de la traición o de la revelación escondida me ha sucedido personalmente muy a menudo y creo que todo el mundo se reconoce en ello:
yo hago alarde de tenerla siempre pero parece ser que es garantía de una

buena salud sentimental. El arcano mayor muestra a esta persona en un entorno compuesto por una clientela, un público o una muchedumbre, acaparada por esta masa (la Luna) puesto que se trata de un trabajo comercial. Aunque este arcano mayor sea pasivo, instaura un clima de saturación, de emoción agotadora o de indisponibilidad mental para aquel o para aquella que se encarna en él. La causa de este silencio parece ser una desorganización o un aumento de trabajo puesto que este arcano mayor activa un arcano menor de comunicación socioprofesional (tres de bastos) que indica una actividad incesante (la Luna que fecunda el tres de bastos) y una imposibilidad de reaccionar y reorganizarse (dos de espadas). Estados de nerviosismo y de saturación momentáneos (dos de espadas) que se remontan hacia el mayor, que amplía el fenómeno (la Luna). Esta persona no da noticias porque sencillamente trabaja mucho y las posibilidades de contacto deberían llevarse a cabo al atardecer o por la noche (la Luna). De lo cual se deduce que los enamorados se preocupan sin motivo...

EJEMPLO 14

«¿Me ama realmente? ¿Nuestra historia durará?»

Tampoco en este caso encontramos ningún arcano referente al desenlace de esta pregunta. Esta consideración de primer valor después de haber girado los arcanos es necesaria: a simple vista usted puede juzgar si las perspectivas son positivas o negativas antes incluso de

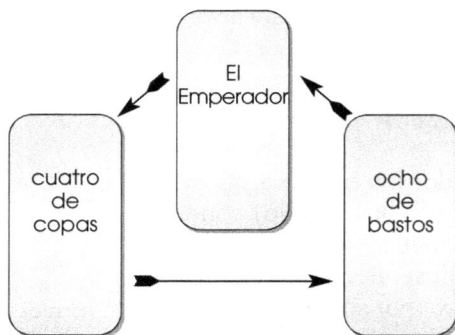

ser más preciso. El hombre en cuestión aparece bajo una imagen estable, próspera, tranquilizadora y confiada que no provoca la duda en ningún caso (el Emperador). En el momento de esta tirada da la impresión de alguien que está seguro de sí mismo, que es activo y está concentrado en valores sociales (el Emperador) y más exactamente en deseos familiares y afectivos (cuatro de copas), como si proyectara una unión, una vida familiar o incluso proyectos de consolidación afectiva (cuatro de copas).

136

Estos dos primeros arcanos tranquilizan a la mujer que plantea la pregunta ya que este hombre vive los sentimientos que siente por ella con plenitud y deseo de unificación (el Emperador que «cubre» el cuatro de copas). El arcano menor de la derecha hace pensar en una desorganización de trabajo, de reestructuración socioprofesional obligada (ocho de bastos). ¿Problemas de trabajo? No, en absoluto, puesto que este arcano, que es la continuación del de la izquierda, quiere decir que si este hombre piensa en esta posible vida de familia tendrá que volver a definir sus actividades profesionales para conseguirlo (ocho de bastos) y acercarse físicamente a la persona que pregunta. Dispondrá de todas las posibilidades para concretar este proyecto, ya que el arcano de la izquierda se remonta hacia el potente mayor de arriba como para encontrar los recursos y obtener de ellos la fuerza de concreción. Sí, este hombre ama a la consultante y tiene previsto unirse con ella más adelante.

EJEMPLO 15

«¿Tendré algún encuentro serio durante estas próximas vacaciones?»

También en este caso, la apreciación general y espontánea de la tirada nos hará destacar una cosa segura: «¡Hay gato encerrado!». En efecto, el arcano mayor que domina sugiere un hecho o un acto latentes que tienen que llegar pronto (el Juicio), como si la

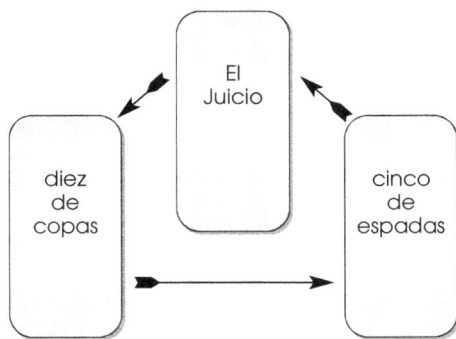

respuesta a esta pregunta fuera a aparecer dentro de poco. ¿Un acontecimiento de qué tipo? Se trata de un flechazo, un hecho afectivo de envergadura (diez de copas que deriva del arcano mayor): por lo tanto, existe una perspectiva de encuentro claramente sugerida por el menor de la izquierda. Parece ser que este acontecimiento afectivo deriva hacia una relación pasional y sensual, en vista de las intensidades físicas en gestación en el menor de la derecha (cinco de espadas); este último arcano nos revela el lado voluptuoso de esta atracción. La respuesta es, pues, positiva y esta relación parece continuar con intermitencias, con periodos marcados por una espera y luego por una acercamiento nuevo como si los dos protagonistas estuvieran alejados geográficamente uno del otro (cinco de espadas que se remonta hacia el Juicio, que lanza de nuevo el acontecimiento como si se tratara de un yoyó). ¿Es posible esperar una relación estable más adelante? No se sabe, puesto que esta tirada está limitada a la pregunta inicial orientada únicamente hacia un eventual encuentro. ¿Quién es este hombre? Es alguien activo e inquieto (el Juicio), libre y también él se siente atraído por la mujer que plantea la pregunta (el Juicio que desciende hacia el diez de copas); parece muy afectuoso y posesivo (diez de copas que arrastra al cinco de espadas) pero *a priori* se encuentra acaparado por el trabajo o por su condición social, que parece desbordante (los dos menores «poseídos» por el Juicio).

En el comportamiento

EJEMPLO 16

«¿Cómo tengo que comportarme con esta persona?»

En las preguntas que se refieren a terceras personas, el problema es a menudo saber a *quién* representa el arcano mayor. En general, a la persona más importante en relación con los intereses de la pregunta. En el caso que nos ocupa, el arcano mayor representa a la persona en perspectiva y no a la que plantea la pregunta, puesto que la respuesta es directamente tributaria del comportamiento de esta persona y no del suyo. Esta regla se aplica en todas las preguntas del tarot intuitivo. Este personaje aparece oculto (el Diablo), es decir, que una gran parte de su vida se encuentra escondida y no en la superficie, que vive interiormente con intensidad y sentido del secreto (el Diablo). ¿Hacia dónde converge esta fuerza interior? Hacia una gran ambición social y material puesto que la encontramos «transferida» a un hombre potente en el arcano de la izquierda (rey de oros), lo que quiere decir que las motivaciones de este

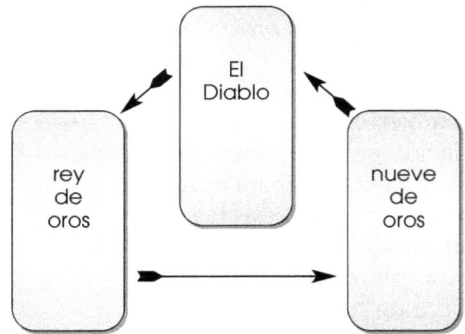

hombre parecen muy cartesianas *a priori*. Este arcano menor de la izquierda empuja al de la derecha, que se interpreta como una conciencia (nueve) racional (oros) tributaria de una ambición, de una potencia sociofinanciera (rey de oros) que engendra por lo tanto un estado de espíritu venal esencialmente orientado bajo el perfil material y el aprovechamiento de las consecuencias (nueve de oros). Este último arcano menor, que representa lo que podríamos llamar la ética de este hombre, se remonta hacia el arcano mayor para «mancillarse» de nuevo como un proceso sin final, lo que nos hace destacar que este hombre no tiene concepciones materialistas. Así pues, la respuesta es la siguiente: este hombre tendrá consideración si el estado de espíritu de la persona que plantea la pregunta es susceptible de contribuir a un aprovechamiento social, material o financiero en el sentido de sus intereses. Se trata de un gran hombre de negocios sobre el cual las consideraciones emocionales y humanas rebotan… al buen entendedor, pocas palabras bastan.

EJEMPLO 17

«¿Qué piensa de mí esta persona?»

Esta persona, muy accesible y abierta, parece estar a punto de acceder a una evolución de la relación existente con el interesado (el Mundo). Este arcano mayor indica que la relación actual no quedará paralizada y que adoptará dimensiones importantes (el Mundo) mediante contactos útiles y constructivos (siete de bastos) como si se pusiera completamente al servicio del interesado (el Mundo + siete de bastos). Hasta aquí podemos afirmar que esta persona tiene una imagen excelente de quien pregunta y que confirmará su consideración positiva mediante iniciativas personales. ¿Cómo? Primero mediante una especie de sostén, de apoyo o de consejos (siete de bastos) muy útiles (bastos) que parecen consistir en aperturas (siete) profesionales o sociales (siete de bastos) que derivan sobre actos (espadas) importantes (diez) que pueden inter-

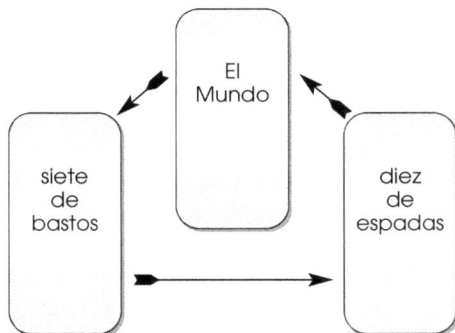

ferir rápidamente (espadas) sobre la vida activa principal de los protagonistas en juego (diez de espadas). Por lo tanto, podemos remarcar que esta persona está preparada para introducirse completamente en la vida activa y social (bastos + espadas) de la persona que pregunta aportándole una contribución material o relacional muy favorable: en pocas palabras, esta persona quiere ayudarle y parece disponer de los medios en el momento de formular la pregunta (diez de espadas que se remonta hacia el Mundo y se amplía sobre él). Por lo tanto, existe un gran contenido humano en esta relación.

EJEMPLO 18

«¿Cuál es el comportamiento psicológico de mi amiga actualmente?»

Dando la vuelta a los arcanos de esta tirada, a simple vista apreciamos que esta amiga no está bien... Se encuentra dominada por el desamparo, el abandono o el aislamiento moral (el Ahorcado) y no parece haber evolucionado del todo, ya que este arcano pro-

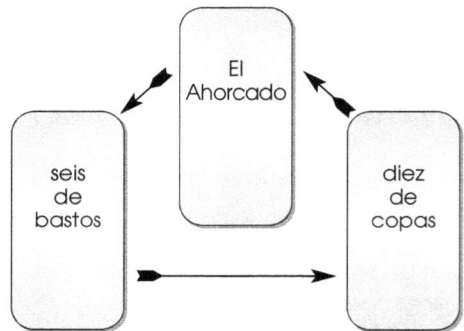

voca siempre un repliegue sobre uno mismo (que a veces puede ser necesario o saludable) y una abnegación profunda que se debe dominar. Este momento crítico está engendrado por problemas profesionales basados en limitaciones y frustraciones, como si esta amiga no supiera cómo deshacerse de ellas (seis de bastos «acosado» por el Ahorcado): se encuentra en un estado de desánimo (el Ahorcado + bastos) sin sentir una fuerza de reacción bastante potente para reabsorber esta prueba (seis de bastos = limitación de medios). Sin embargo, no está lejos de una recuperación moral positiva gracias a una puesta en práctica favorable que suaviza esta situación (diez de copas). ¿Una puesta en práctica de qué tipo? ¿De dónde proviene? Se trata de un consuelo moral y afectivo al que contribuye el destino (diez), y no la intervención del exterior propiamente dicha (ningún siete en los menores), que concreta de esta forma un nuevo ajuste psicológico importante (diez) basado en el consuelo de satisfacciones sentimentales, familiares e incluso afectivas (copas). En cambio, esta pequeña travesía en el desierto no parece todavía acabada (el Ahorcado es lento, obstaculizante e inactivo), pero esta pequeña renovación en perspectiva podría barrer estas tensiones de forma enérgica y duradera (sentido de los diez). Esta es una de las posibles formas de tomar «la temperatura» moral de alguien si la tirada intuitiva tiene lugar siguiendo las reglas del arte, en este caso concentración, mezcla, transferencia y desarrollo.

En la salud

EJEMPLO 19

«¿Qué padece mi hijo? ¿Es grave?»

Antes incluso de desarrollar la respuesta comprobamos que no parece haber nada grave en la salud de este niño. ¿Por qué? Porque esta tirada no está «impregnada» con arcanos agresivos en afinidad con la mala salud en general: ausencia de espadas, de seis y de ocho así como de arcanos mayores negativos respecto a este ámbito como los números ocho, nueve, doce, trece, quince y dieciocho. El niño no parece sufrir desórdenes orgánicos y su constitución no parece estar comprometida (el Sol). Sin embargo, a menudo sufre fiebres altas (el Sol) así como periodos de debilidad física que le obligan a guardar cama... El arcano mayor se inclina hacia uno menor todavía más positivo, como para mostrar la esfera vital del niño: la familia, el amor, la madre y el afecto (as de copas). En el lugar donde se esperaba encontrar carencias y desequilibrios se constata una extraordinaria necesidad de amor y de seguridad afectiva, como si esta necesidad se hubiera convertido en visceral hasta el punto de somatizarse en una eventual regresión afectiva. Aunque es difícil comprender las causas de un psicosomatismo, parece evidente que en este niño tiene orígenes afectivos profun-

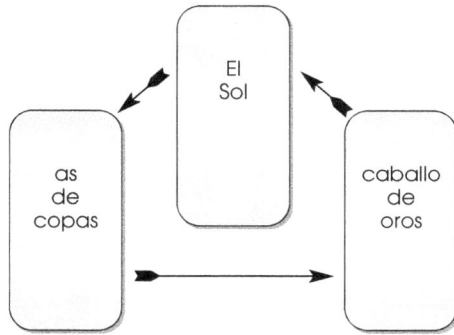

dos (as de copas) sin por ello poder descifrar los mecanismos y los efectos fisiológicos. El niño parece tener miedo a una falta de afecto que lo empuja hacia un estado de pánico, pero el arcano menor de la derecha sugiere volver a ocuparse de este miedo, dominar esta carencia e iniciar una cesión (caballo de oros), puesto que este último menor aporta actos (caballo) constructivos y enriquecedores (oros). Esta tirada no es fácil de comprender puesto que estos arcanos no tienen ninguna afinidad con el problema interesado: influyen con sutilidad en la vía que tiene que seguir el juicio para comprender lo esencial de la vida de este niño.

EJEMPLO 20

«¿Me conviene este nuevo tratamiento médico?»

El arcano mayor dominante es radical: transformación, metamorfosis y destrucción de lo que era, es decir, del estado físico y del estado de salud de esta persona (la Muerte). ¿Una metamorfosis radical para producir qué? ¿Algo peor o mejor? El arcano mayor activa uno menor constructivo y sólido que

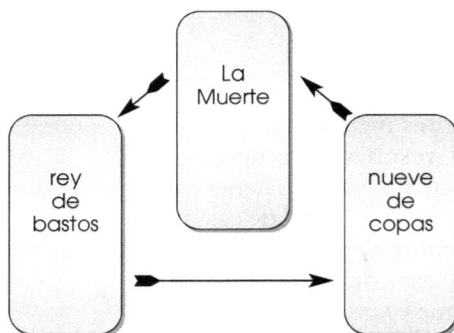

rey de bastos — La Muerte — nueve de copas

no sugiere un empeoramiento sino el dominio de la situación a través de un hombre muy competente (rey) en perfecta afinidad con el ámbito médico (bastos: el oficio): este arcano representa por lo tanto al médico especialista seguro de sí mismo y con mucha experiencia (rey de bastos). Es necesario destacar que si el arcano mayor activase un arcano menor negativo, las perspectivas hubieran sido nefastas, pero la presencia de uno menor fuerte y positivo (rey de bastos) es tranquilizadora. Sigamos con el análisis: el menor de la izquierda, que evoca competencia y dominio del problema, activa a su vez un arcano menor muy psicológico que pone sus miras sobre un estado de ánimo «superior» que supone la aproximación hacia un ideal, un equilibrio moral, una serenidad profunda e incluso una quietud saludable (nueve de copas). Este último arcano significa que el doctor permitirá al paciente acceder a un nivel físico y moral inesperado (nueve de copas), y que por lo tanto el tratamiento tendrá éxito o progresará de forma favorable transformando literalmente la vida del paciente (nueve de copas que se remonta sobre la Muerte y reactiva los procesos de transformación). Las predicciones sobre el futuro son alentadoras y esta tirada incita a tener confianza en el profesional experimentado.

Ejemplo 21

«¿Tiene mi padre posibilidades de curarse?»

Nos encontramos frente a un arcano mayor muy favorable que se asocia a dos menores problemáticos. ¿Qué quiere decir esto? Como en cada tirada, será necesario disociar primero las fuerzas que se encuentran presentes. El mayor dominante es muy positivo y responde a la cuestión mediante un mensaje de esperanza y de futuro mejor (las Estrellas), reina sobre la respuesta sugiriendo una salida benéfica; los dos arcanos menores describen las condiciones precisas mientras permanecen sometidos al dominante superior. Por lo tanto, este arcano mayor aporta perspectivas favorables respecto a la salud de este hombre pero matizadas por el tiempo, el futuro (las Estrellas); lo que significa que será necesario esperar todavía pero que el tiempo aportará una liberación. Este arcano mayor benéfico activa uno menor un tanto negativo que hace aparecer auxiliares, subalternos (sota) en un ambiente tenso o doloroso (espadas) como si estas personas no aportaran nada concreto (sota) y en cambio procedieran a investigaciones penosas (espadas): enfermeras, asistentes sanitarios, especialistas ineficaces (en caso contrario aparecerían como caballos, reyes o reinas), etc. Este arcano menor activa el de la derecha, que es menos negativo pero igual de penoso, y que muestra actos esenciales (siete de espadas) que se llevan a cabo mediante la fuerza y el esfuerzo (espadas), como si se dirigiera a este hombre hacia soluciones (siete) muy radicales (espadas) que derivan en un bienestar (siete de es-

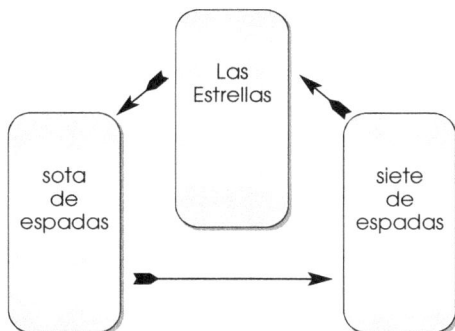

padas). Las perspectivas sugieren por lo tanto una terapia médica agresiva (espadas) que permita prever una futura curación (siete de espadas que se remonta para suavizarse hacia las Estrellas), lo que equivale a decir que este paciente vivirá todavía momentos penosos (dos arcanos de espadas), pero que el desenlace será bueno y que conseguirá ver imágenes de mañanas mucho más encantadoras (las Estrellas).

En el tiempo o los acontecimientos futuros

EJEMPLO 22

«¿Qué me va a pasar esta semana?»

Estará de acuerdo conmigo en admitir que hay semanas que lo mejor es no moverse de casa... Pues bien, esta es una de esas semanas. La primera impresión, al girar los arcanos de esta tirada es que esta semana no será fácil... El mayor dominante indica un clima de coacciones, de obligaciones y de rigores (la Justicia), una semana que parece estar situada bajo el signo de labores diversas. Este arcano mayor muestra la irrupción de la ley, de reglas o de necesidades socioprofesionales que no pueden ser evitadas (la Justicia): burocracia, gestiones legales, obligaciones morales u otras tareas profesionales prioritarias. Comprobamos por lo tanto una falta de oportunidades, de flexibilidad y de consentimiento a lo largo de esta semana, marcada por urgencias sumariales (la Justicia) que hacen imposible cualquier reorganización (dos de Bastos) y engendran un ambiente familiar tenso (cuatro de espadas). Se trata por lo tanto de una semana penosa que será necesario abordar con rigidez procurando no alterar relaciones jerárquicas o sociales puesto que podemos distinguir una clara tendencia a la proliferación del nerviosismo ambiente (Justicia acosada por el cuatro de espadas que vuelve sobre ella). Aunque no podemos entrever las verdaderas causas de

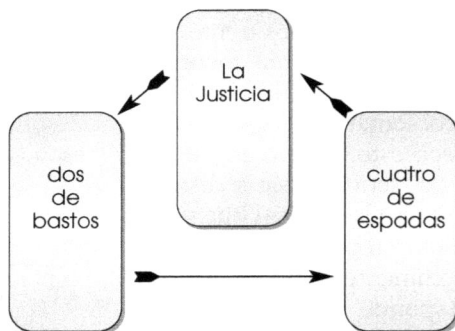

esta situación que se va a producir, será prudente permanecer alerta y esperar, por lo menos, una semana muy laboriosa que no tendrá ni fluidez ni gracia para la persona que plantea esta pregunta.

EJEMPLO 23

«¿Cuándo me llegará ese correo tan urgente?»

Las preguntas que incluyen la noción de tiempo, como esta, son más delicadas de interpretar puesto que no se apoyan en un individuo, un comportamiento, un acto o un hecho preciso, sino que descansan esencialmente en el tiempo futuro, en un punto de referencia que será necesario delimitar en un futuro. En este caso es necesario saber, para empezar, si este correo esperado llega o no: el arcano mayor aporta una respuesta positiva mostrando un hecho inminente en gestación (el Juicio) que activa una gran alegría, un flechazo o una satisfacción emocional esencial (cinco de copas) que alimenta por su parte la obtención de una experiencia material o financiera de primer orden (as de oros). Por lo tanto, es evidente que este correo llega (el Juicio), que es de naturaleza afectiva muy positiva (cinco de copas) y que guarda experiencias materiales inmediatas como si tuviera en su interior una suma de dinero o de derechos financieros muy importantes (as de oros); este último arcano menor se remonta hacia el mayor instaurando una noción de brevedad en los hechos latentes. Podríamos continuar disertando más sobre el verdadero contenido de este correo importante aportando detalles, como la influencia de un niño o de un gran cariño relacionado con este envío (cinco de copas) así como una suma de dinero que puede considerarse como un capital (as de oros) también tributario de este cariño, etc. Con la costumbre, usted descubrirá muchos detalles y precisiones llenas de imágenes en preguntas inicialmente confusas o sin matices, pero no se debe perder de vista lo esencial de la tirada, es decir, saber responder con nitidez a lo esencial.

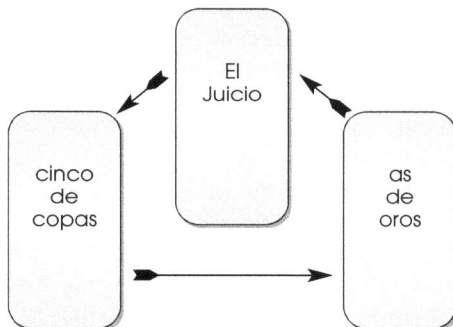

«¿Tendré algún día otro hijo?»

Este tipo de pregunta no se puede plantear todos los días, puesto que las respuestas se diluirían en otras distintas que corresponderían al estado de ánimo en el que se plantease la cuestión... Es posible plantearla cuando la necesidad se hace sentir realmente, es decir, cuando esta pregunta se vuelve moralmente crucial o cuando la persona que la plantea desea quedarse en estado, y lo está intentando. En el caso actual, se trata de una mujer que pregunta si tendrá otro hijo más adelante sin realmente desearlo ni valorar las condiciones. La respuesta está representada por el arcano mayor dominante contrario a cualquier nacimiento (la Muerte es contraria a cualquier nacimiento pero favorable a cualquier renacimiento); ofrece una impresión de imposibilidad a través de una respuesta brutal y cruel, como si la pregunta no tuviera que plantearse... Este mayor activa un arcano muy moral que se apoya sobre principios y sobre ideales adquiridos (nueve de bastos): este último no quiere decir que el nacimiento sea biológicamente imposible sino que está moral o socialmente excluido. Lo que quiere decir que este embarazo no sería «razonable» dada la plenitud general actual de la mujer; el tarot intuitivo quiere hacer comprender que esta mujer ya tiene hijos, es feliz, está equilibrada y satisfecha (reina de copas). Este último arcano menor, particularmente positivo, activado por un arcano moral, pone en marcha uno mayor muy peligroso, como si una sentencia nefasta pudiera ver la luz del día si esta reina superase sus medios actuales, como si esta reina pudiera ser reducida a nada. Ignoro las causas de esta imagen mortífera, el tarot posee sutilezas muy delicadas, y la respuesta a esta pregunta ya ha sido dada: esta mujer no tendrá más hijos puesto que su situación parece estar ya completamente equilibrada, como si la naturaleza hubiera hecho su obra sin poder ir más lejos...

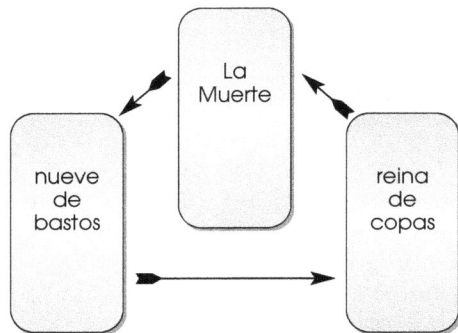

Consideraciones generales

La prueba de los sobres

Esta prueba consiste en llevar a cabo una tirada basándose en una imagen, en una fotografía, incluso de una revista, escondida en un sobre cerrado. Los únicos imperativos son que esta fotografía represente a un ser humano, famoso o no, y que la persona que la ha escogido mantenga en secreto su identidad. Será necesario un cómplice: hijo, hermano, hermana, pariente, amigo… Este cómplice recortará la fotografía de una persona conocida que aparezca en una revista o escogerá una fotografía de una persona que usted conoce. Esta fotografía debe colocarse en un sobre, que se cerrará inmediatamente. El objetivo de la prueba consiste en concentrarse en el sobre y luego en la persona representada en la fotografía, que evidentemente usted no puede ver. No hay que intentar saber *quién* es esta persona sino *definir* su estado de ánimo, qué *hace* o a qué *aspira*. El primer matiz es crucial: no es posible adivinar quién está en el sobre. Los grandes médiums actúan de la siguiente forma: proyectan a esta persona en su estado de ánimo, sus preocupaciones y su entorno, para luego intentar definir su identidad. Le recomiendo que haga esta prueba, puesto que permite comprender mejor los matices de los arcanos del tarot intuitivo en el desarrollo de su análisis, es decir, permite asimilar rápidamente las analogías que los arcanos implicados sugieren con las realidades cotidianas del personaje misterioso.

Es necesario actuar siempre de la misma forma.

Concentración en el sobre y *mezcla* de los arcanos mayores, luego *transferencia mental* hacia un arcano mayor y después dos arcanos menores. A continuación interviene el *desarrollo* de la tirada, que le permitirá comprender *el mensaje* del tarot intuitivo, sobre todo cuando haya descubierto *quién* es la persona de la fotografía que contiene el sobre. Esta prueba permite darse cuenta de la extensión de los matices del tarot intuitivo. La tirada no proporcionará, evidentemente, una identidad, pero se apoyará sobre el entorno general o particular de la persona en cuestión. Antes de realizar la tirada, será necesario saber si esta persona está viva o no, ya que el desarrollo mostrará globalmente la posición actual de la persona viva y la situación más marcada de la persona desaparecida, famosa o no.

Diecisiete preguntas y respuestas sobre el uso del tarot intuitivo

Las siguientes preguntas las plantean a menudo las personas que se inician en este método. Voy a intentar aportar las respuestas más justas; sin embargo, estoy convencido de que el usuario del tarot intuitivo sacará el máximo provecho de este método cuando haya comprendido su significado, sus capacidades y sus límites, lo que significa que será necesario asimilar enseguida la ética y después dejarse guiar por su psicología adivinatoria.

• *¿Es posible utilizar el método del tarot intuitivo con otras tiradas clásicas?*
Sí, evidentemente. Pero se debe tener cuidado para no *diluir* las perspectivas predictivas a través de otras tiradas que pueden corromper esta especie de «frescura premonitoria». Esta tirada se parece al descubrimiento franco de una idea, de una imagen o de un pensamiento a través de una proyección semiológica, es decir, que al principio no hay nada... Seguidamente se realiza una interrogación, luego una transferencia y por último se obtienen respuestas. Las demás tiradas clásicas[2] son, sí, mucho menos ingenuas, pero utilizan una técnica o un procedimiento que corrompen un poco la virginidad de la necesidad innata y original de saber. Es posible remarcar que la técnica de este método es binaria, fácil, simbólica y por lo tanto infantil, inmaculada y pura en las perspectivas de los resultados futuros.

• *¿El tarot intuitivo debe utilizarse solo o con otra persona?*
Este método se utiliza generalmente en solitario y es el único que da realmente resultados fiables, pero se utiliza también con otra persona, como demuestran algunos ejemplos. Lo más importante que es

---

2. Véase MORIN, G., *Guía de la astrología planetaria*, De Vecchi.

necesario recordar sobre su utilización es la espontaneidad de la pregunta o de la necesidad: una idea que le atraviesa el ánimo, un recuerdo que vuelve a la mente, alguien que le habla de una persona ausente, de un problema en particular… *concentración, mezcla, transferencia y desarrollo* y luego interpretación. A pesar de todo, las tiradas solitarias con concentración y con calma dan mejores resultados, sobre todo porque la presencia de otra persona provoca interferencias mentales.

• *¿Quién puede utilizar el tarot intuitivo?*
La única virtud necesaria es la honestidad. Todo el mundo puede utilizar este método mientras exista una verdadera motivación y una serenidad respecto a los ámbitos abordados; es evidente que el odio, el rencor o el estrés ensuciarán *el impulso puro* de la interrogación. Existen muchas personas «vírgenes» respecto al mundo esotérico y que poseen un potencial intuitivo inactivo e inconsciente a menudo reactivado cuando entra en contacto con esta teoría. Yo he formado a personas que, *a priori*, no tenían ninguna afinidad con el mundo de la parapsicología, como ejecutivos, dirigentes, sanadores, etc. Todos ellos querían dominar una fuerza intuitiva escondida para mejorar sus acercamientos personales, o rechazar esta especie de *vergüenza social* de vivir en una esfera emocional secreta y socialmente inconfesable. También hay quien emplea este método en casa, en el trabajo, durante sus momentos de relajación. En este campo, para conseguir buenos resultados, no se necesitan diplomas, sólo honestidad y humildad.

• *¿Por qué difiere del resto de métodos cartománticos?*
Esencialmente porque penetra en el corazón de un sujeto preciso y no de generalidades. La prueba es que no prevé nada concreto ni fiable cuando se dan datos generales o vagos: este método se trabaja con concentración en un ámbito muy determinado, no se puede diluir, no se puede mezclar con otros parámetros exteriores significativos, como en la tirada en línea, la tirada en cruz o la tirada manual, que tratan perspectivas que responden a una pregunta global no focalizada sobre un tema concreto.

• *¿Es posible utilizar otras barajas de tarot con este método?*
Es posible utilizar otras barajas de tarot de 78 arcanos; las imágenes no tienen tanta importancia siempre que los valores sean los mismos. Es necesario evitar tener varios tarots: una única baraja es suficiente,

puesto que se convertirá en un verdadero auxiliar de su espíritu, en un cómplice fiel al que le gusta que se le «escuche» y que creará afinidades de la misma forma que nosotros las tenemos con los animales, por ejemplo. Personalmente, trabajo con un tarot de Marsella clásico, muy usado y que posee un «sentido lógico» que se refuerza con el uso y el paso del tiempo...

- *¿Es importante golpear los arcanos?*

Sí, lo es, puesto que mezclarlos golpeándolos suavemente permite sentir su alma y luego concentrarse sobre el tema interesado. La mezcla de los arcanos es una caricia afectiva que crea un clima de confianza y de consideración entre usted y su baraja.

- *¿Existe un momento del día más propicio que otro para utilizar el tarot intuitivo?*

No, en absoluto. Lo que cuenta es la motivación y la sinceridad. Es necesario evitar el estrés, el nerviosismo, el cansancio, así como ser molestado o estar preocupado por otras cosas. El caso contrario sería como el llanto de un niño que una puerta cerrada impide oír.

- *¿Es posible plantear cualquier pregunta?*

Sí y no. Sí, porque el tarot intuitivo ilumina todos los ámbitos, como hemos visto anteriormente en las definiciones y los ejemplos, puesto que se expande totalmente sobre la vida terrestre. No, si la pregunta contiene varias preguntas a su vez o si contiene globalidades que es necesario delimitar una por una.

- *¿Cuáles son los arcanos más difíciles de interpretar?*

Tenemos siempre tendencia a escoger unos arcanos mayores o menores. Los menores están sin embargo limitados en sus definiciones y sujetos a afinidades estrechas de un ámbito concreto, lo que deja pocas dudas respecto a su significado en una tirada. Los mayores adoptan diversos significados que sólo la *analogía* puede aclarar: por ejemplo, el arcano 13 (la Muerte) significa tanto el final de una vida como el de un amor, de una situación o de una enfermedad, y por lo tanto es necesario interpretarlo por analogía con otros ámbitos para no permanecer confinado en una definición rígida. No obstante, existen algunos arcanos mayores muy difíciles de hacer circular mentalmente, como el Diablo y la Luna, puesto que se trata de arcanos activos desde el interior, que implican un secreto, algo escondido, inalcanzable e indescriptible.

• *¿Cómo se distinguen correctamente los distintos actores y papeles en una pregunta?*

Esta precisión es, en efecto, importantísima. La solución es mantener en el ánimo a *la persona que tiene más intereses* en la pregunta planteada. Así pues, en la pregunta «¿Está enfermo mi hijo?», el arcano mayor representará a este niño, su estado y su potencial. En la pregunta «¿Obtendré un ascenso durante mi entrevista de mañana con mi jefe?», el arcano mayor no representará a la persona que plantea esta pregunta sino a su jefe, puesto que es quien resulta decisivo para la resolución del tema planteado. En cambio, si esta misma persona plantea unos meses más tarde la pregunta «¿Me van a despedir?», el arcano mayor representará a la persona que plantea la pregunta, puesto que es la más interesada. Por lo tanto, es necesario diferenciar perfectamente quién es quién en las preguntas y estar atento a que no contengan otras tantas…

Otro elemento capital es la necesidad de trasponerlo todo al microcosmos de la pregunta en cuestión, es decir, que si aparece el arcano 21 (el Mundo), no quiere decir que el triunfo y el éxito estén limitados sólo al tema tratado. Si aparece el Diablo, no significa que su vida se mueva siempre entre tensiones, sino que esto se refiere a la semana en curso, por ejemplo, o a un personaje que se habrá definido en su pregunta previa. Lo mismo vale para las preguntas materiales y financieras en las que los adeptos al tarot intuitivo ven a menudo, a través de los arcanos triunfantes (el Sol, el Emperador, el Mundo y la Rueda de la Fortuna), grandes expansiones, golpes de suerte o destinos que se iluminan mientras que el resto permanece en el nivel de la preocupación inicial, es decir, en el microcosmos de la pregunta planteada. En una tirada que trata la tendencia general de un día, el Mundo, con el as de oros y el rey de bastos, muestra excelentes perspectivas, una jornada positiva y diferente a todas las demás, pero esto no es para toda la vida, puesto que un día sólo dura veinticuatro horas…

• *¿Cómo llegar a dominar eficazmente este método?*

Siguiendo estos principios fundamentales: estar motivado, ser honesto y sincero, y plantear bien sus preguntas, puesto que es ahí donde se encuentra la clave. En efecto, muchas preguntas contienen otras que se convierten a continuación en caducas cuando se unen. Es necesario ser sencillo y lúcido, puesto que el tarot intuitivo dará entonces el máximo de sus posibilidades, usted estará en su cultura y

151

muy cerca de él. Cuanto más preciso sea en su pregunta, más matizada será la respuesta: no se deberán formular nunca preguntas del tipo «¿Cómo será mi futuro profesional?» sino «¿Me quedaré o me despedirán?» o «¿Cambiaré de trabajo durante este próximo trimestre?», preguntas que están mucho más orientadas hacia una situación concreta.

• *Se habla también del tarot intuitivo como de un instrumento de desarrollo personal: ¿está justificado?*

Sí, este método posee poderes terapéuticos innegables. La persona depresiva, por ejemplo, no se centrará ya más en su sufrimiento ni se estancará en un microscosmos emocional doloroso sino que se evaporará en un mundo nuevo en el que podrá salir durante un tiempo del pozo psicológico, olvidar, ver un entorno nuevo, etc. Por otra parte, tenemos el desarrollo personal que se desprende de la utilización de este método, dominar y optimizar una evolución que tendrá innegablemente repercusiones positivas en la forma de vivir, de comprender y de ver las cosas de la vida.

• *¿Es posible plantear una pregunta para otras personas?*

Sí, claro, mientras se sienta bien esa pregunta y que la persona que la plantea sea honesta en su petición. Se irá dando cuenta de que es más fácil proyectar el exterior que a uno mismo.

• *¿De dónde procede el tarot intuitivo?*

Se trata de un método personal que he elaborado con el paso del tiempo, que he depurado para caminar hacia la pureza de la verdad y que luego he aplicado concretamente como en esta obra para permitir que mucha gente tenga acceso a él.

He buscado durante mucho tiempo la respuesta conforme a una interrogación espontánea y, además de la astrología horaria, que es muy difícil de manipular, no existía ningún sistema tan espontáneo como este método.

Igual que el agua se adapta a la forma de su recipiente, este tarot es universal, sencillo, humano e independiente. Da resultados fiables, pero mi mayor orgullo es que sea accesible a todo el mundo, sin por ello entrar en el mundo esotérico o imaginarse que se necesitan dones paranormales para utilizarlo. Se trata de una verdadera escuela de intuición creativa de desarrollo personal que permite acceder a los niveles superiores del espíritu.

- *¿El tarot intuitivo es compatible con otros métodos adivinatorios? ¿Dónde se sitúa?*

El método del tarot intuitivo es compatible con otros métodos adivinatorios, como la numerología, la astrología, las runas, la cartomancia, etc., pero debemos repetir que se limita a una pregunta, a una secuencia de tiempo breve, a un contexto preciso, a una interrogación localizada que necesita una respuesta meticulosa. Las informaciones que transmite durante las respuestas no pueden revelarse evidentemente en un tema astral, en un estudio anual o en el análisis de una situación específica que necesita mayores medios de investigación. En el caso de cuestiones significativas que intervienen en un ámbito preciso, el tarot intuitivo es extremadamente eficaz, como lo son las runas, pero en el caso de estudios preventivos estructurados y datados, se ve ampliamente superado e impotente. De forma general, el tarot tiene sus efectos más espectaculares a corto y a medio plazo, es decir, que cuanto más cerca están los hechos, más los ve el tarot y cuanto más lejos están, más confusos e inseguros los percibe el tarot. De esta forma se construye y se destruye la notoriedad de los cartománticos sin que ellos mismos sepan el cómo y el porqué. Así pues, si usted consulta el tarot de forma inconsciente en busca de hechos latentes, se sentirá satisfecho de las revelaciones que presiente, pero si lo consulta de forma involuntaria alejado de criterios relacionados con acontecimientos, es posible que se sienta decepcionado puesto que todo será nebuloso y secundario…

- *¿Qué es necesario hacer entonces para ir más allá de lo predictivo?*

El tarot intuitivo permanece limitado a las tendencias predictivas limitadas a los casos sometidos, es decir, a las eventuales consecuencias de una situación determinada que a su vez se ve superada por una globalidad de la que forma parte. Se trata de un microscopio que localiza una célula entre millones pero que es incapaz de saber de qué órgano físico forma parte… Para ir más allá en lo predictivo, será necesario engranar la maravillosa máquina de la vida que es la astrología, no la astrología de los horóscopos, de los signos de nacimiento y de los ascendentes combinados, sino la astrología planetaria[3], extremadamente precisa y fiable, que puede dividir secuencias de tiempo, predefinir zonas existenciales importantes, alinear un año con los picos de intensidad mayores, decir quién es quién, qué hace, dónde va, etc.

---

3. Véase MORIN, G., *Guía de la astrología planetaria*, De Vecchi.

Si el tarot intuitivo es un microscopio que barre un hecho en suspenso, la astrología planetaria es una larga visión que puede caracterizar una fase de evolución en alguien, hacer una previsión de los tiempos de incubación y de las condiciones generales de realización, prever las conclusiones de una situación, prevenir zonas futuras difíciles o negativas, definir las reacciones y evoluciones futuras de una persona, de un negocio o de un sentimiento. Esta astrología no está basada en un signo de nacimiento común a todos lo que nacen en un mes del calendario ni en una combinación del zodiaco con un ascendente que debería dar una definición más precisa del signo astral de nacimiento. La astrología de la que yo hablo está basada en los planetas y en los signos del zodiaco: su fecha, hora y lugar de nacimiento ya no determinan la eterna compilación signo y ascendente sino que sirven para localizar uno o varios planetas que se encontraban en el signo en el momento de su nacimiento y que serán un reflejo exacto de sus inclinaciones generales y de sus tendencias del comportamiento y, por lo tanto, de su destino en cuanto al comportamiento. Este arte precisa años de práctica y de experiencia pero yo creo que se trata de lo mejor y de lo más verdadero que se puede encontrar en el gran planeta de la parapsicología.

- *¿Es posible cambiar el destino? ¿Está predeterminado? ¿Y nuestro libre arbitrio?*

Tenemos dos destinos: el *destino circunstancial* y el *destino del comportamiento*. El primero es más o menos tributario de nuestra conciencia y se resume como sigue: «¿Seré rico? ¿Tendré una enfermedad grave? ¿Tengo que coger la carretera de la derecha… o la de la izquierda? ¿Tengo razón en actuar de esta forma? ¿Es realmente la mujer de mi vida? ¿Tendré un accidente?». Está basado simplemente en la optimización constante de las circunstancias. Por lo tanto, le dirá que circule lentamente si no quiere tener un accidente, que escoja una pareja fiel y estable si no quiere divorciarse, que vaya a la universidad para evitar las marginaciones sociales, que no fume si quiere estar sano… En definitiva, es posible dominar totalmente este destino y evitar las fatalidades gracias a un determinismo positivista, lo que es perfectamente coherente y loable. Este destino circunstancial, para ser felices, debe ser una conducta personal que tienda a la perfección para evitar todos los escollos de la vida diaria: se trata mucho más de prevención que de optimización de perspectivas y de oportunidades, puesto que si se pasa la vida estando atento, preservándose de lo negativo y pasa todo el tiempo previniendo las espinas de su territorio vital, su vida se convertirá enseguida en una esclava de este eterno inquisidor. Digamos que existen virtudes naturales adquiridas, como la prudencia y el razonamiento, en personas que creen que estas virtudes son universales y accesibles a todos… algo que no es cierto. Estas personas pueden vulgarizar sus propias experiencias naturales como un método racional que permite dominar su destino y por tanto preverlo y optimizarlo al máximo. Es el caso de los científicos, de los racionales, de los materialistas y de los cartesianos.

El segundo destino es el del comportamiento e interesa a los que no se encuentran en la primera categoría… Se explica a través de la teoría que desarrollamos, conscientemente o no, de las patologías físicas, biológicas, hereditarias, sociales y del comportamiento que nos proyectan sobre afinidades en la vida cotidiana puesto que estas afinidades son los verdaderos puntos de unión del destino. Lo que significa que son nuestros gustos y nuestras necesidades los que nos dirigen hacia destinos apropiados en afinidad con estas morfologías mentales. Si el destino circunstancial es poco interesante para el analista, que soy yo, el destino del comportamiento es una escuela formidable de la naturaleza humana a través de la semiología genética que estudia la naturaleza de los comportamientos, sus reflejos sociales, afectivos, psicológicos, físicos, etc., elaborando una tabla de afinidades que permiten tanto encuadrar a un individuo, orientarlo profesionalmente, como optimizar sus posibilidades de éxito favoreciendo el terreno adecuado que permite prestaciones latentes excelentes. Paradójicamente, este destino del comportamiento es mucho más previsible que el primero, al cual no le resta más que la detección de circunstancias nefastas o positivas, mientras que estas últimas están claramente en suspenso en el destino del comportamiento.

Perspectivas

Podemos imaginar de forma positiva el porvenir del tarot intuitivo: utilizado con pasión por el director de una empresa, el panadero de la esquina cuando las puertas están ya cerradas, el ejecutivo medio consumido por múltiples interrogantes, la amiga que telefonea para comentar su última proyección intuitiva, la madre de familia que descansa tranquila mientras desarrolla las preguntas que se plantea hace mucho tiempo, y también utilizado por usted, que entrevé el funcionamiento de este método, aunque sólo sea por el desarrollo personal que activa obligatoriamente mediante su uso. Un tarot que no se vulgariza —la experiencia es larga y su sentido abstracto— pero que se democratiza bajo la égida de la intuición y no del tarot propiamente dicho. Desde que existe, el tarot ha recibido apelativos casi únicamente étnicos: el tarot de los bohemios, el tarot persa, el chino, etc., o toma el nombre de sus creadores: tarot Wirth, tarot Belline, tarot Didier, tarot de mademoiselle Lenormand... Me hubiera gustado dibujar de nuevo los arcanos, como han hecho muchos otros, y bautizar esta bonita creación personal como tarot Morin. Sería otro nuevo nombre personalizado que hubiera provocado con insolencia a los antiguos tarots, el último y el más fresco tarot que intenta hacer olvidar a sus vecinos en el país de las imágenes y de los medios de comunicación. La verdad es que la tentación era grande, pero el mensaje hubiera sufrido un duro golpe. En efecto, no hay nada mejor que tomar un elemento del patrimonio humano para dar nombre a este método: la intuición. El tarot intuitivo es el nombre de todos nosotros y estoy orgulloso de que se trate de un producto puro de la era de Acuario, una era que dará paso necesariamente a un nuevo sentido de la vida, a la ecología mental. Y además, no hay nada mejor que sacar una disposición humana original del gueto esotérico que se había apropiado de ella forma abusiva. En este mundo de «comunicación solitaria», este método favorece un verdadero altruismo puro, no a través de las conveniencias admitidas o las relaciones superficiales, sino por el pensamiento, por la participación y por la imprecación afectiva espontánea. ¿Un ejemplo? En todos los cursos de formación de tarot intuitivo, organizo redes entre los participantes, que tienen que escribirse entre ellos mediante el pensamiento intuitivo. Por grupos de dos previamente establecidos, se escriben desde lugares distintos para describir sus proyecciones intuitivas mutuas: la primera persona proyecta a la segunda en su casa revelándole los tres arcanos extraídos. La segunda, también en su casa, comenta la tirada con sus propias argumentaciones existenciales y luego añade la proyección intuitiva del primero, etc. Estas personas, que no se conocen de antemano, no sólo mejoran su competencia en materia de intuición, sino que entablan una relación abordando cada vez más su entorno general al conocerse mejor. No se trata de crear redes de amigos sino de apreciar una nueva forma de relación inmaterial: alguien que piensa en usted, de lejos, que intenta percibirle en su microcosmos y que le aporta el extraordinario medio de mirarse en un espejo neutro y fiel. Este inesperado espejo es capaz de interpretarle tal como los demás le perciben, sin encontrar jamás las palabras ni el verdadero sentido de su existencia.

Ahora le toca a usted el turno de afinar el método pero vigilando para conservar el corazón intacto: la intuición, el fruto del hombre.

Proyecciones sobre el cambio de siglo

¿Cómo debe actuarse para alcanzar proyecciones fiables sobre el siglo que acaba de empezar? ¿Simplemente pensando tranquilamente, concentrándose y proyectando? No, demasiado sugestivo… ¿Intentar mantenerse lo más neutro posible durante la tirada? No, demasiadas influencias inconscientes a pesar de la honestidad… Para alcanzar una respuesta óptima y objetiva es necesario primero fecundar, actuar por el principio, ser muy espontáneo, convertirse en el Mago, el impulso, el inicio… Entonces… usted, señor, a la derecha, sentado a punto de escucharme durante una clase: coja sus arcanos mayores y concéntrese en el simple hecho del cambio de siglo. Así proyectará el simbolismo del tránsito del siglo XX hacia el siglo XXI. Descubramos los arcanos.

El Ahorcado sugiere un inmovilismo colectivo ansioso respecto al paso del nuevo siglo, muestra en suspenso el miedo emocional de una fecha fatídica: miedo a lo desconocido y perplejidad en relación con el porvenir, una especie de contracción fóbica a la vista de este cambio de rumbo. El nueve de copas matiza este miedo (el Ahorcado) con la esperanza de felicidad, y muestra también que el miedo (el Ahorcado) será disipado enseguida, como una prueba menos penosa de lo que se pensaba; el tres de copas refuerza a continuación el sentimiento de un clima sereno y equilibrado. Esto es la confirmación de que el síndrome «fin del mundo» no ha tenido ningún efecto. El nueve y el tres de copas muestran, evidentemente a un nivel figurativo, un despertar muy enérgico y fresco después de una noche psicológicamente agitada (el Ahorcado).

Una lástima para las extraordinarias predicciones de los iluminados populares: no ha habido cometas destructivos, ni monstruosidades procedentes del cosmos, ni maremotos ni invasiones bárbaras. Se trata más bien de un tránsito pacífico y esperanzado hacia una nueva era.

Proyecciones sobre la nueva era

Intentemos averiguar mediante el tarot intuitivo la personalidad del nuevo siglo, aunque sea muy globalmente. ¿Será de la misma clase que el siglo que dejamos? ¿Barbarie, violencia, engaño, búsqueda de materialismo autoritario, culto al individualismo hedonista? ¿O será más bien espiritual, como algunos han anunciado desde hace mucho tiempo?

Se trata de saber si la era que acaba de nacer aportará beneficios a la humanidad. La tirada que explicamos seguidamente fue llevada a cabo por una asistente a un curso de formación, sorprendida pero con mucha confianza. Esto fue lo que proyectó.

Si el siglo pudiera personalizarse, lo haría por el simbolismo de la Fuerza: energía, vigor y realismo constructivo. Nos encontramos muy lejos de la tirada precedente del Ahorcado. La Fuerza representa, además del coraje, una superación del miedo y de la ilusión, una fuerza tranquila y una integridad de los actos. Nos designa el seis de oros, que parece querer aclarar dos cosas: la primera es que la Fuerza sostendrá una justicia de reparto de los medios (seis = limitaciones, oros = materiales, financieras) como si una política o un estado de espíritu se abrieran en perspectiva en apoyo de los pobres y de los marginados (seis de oros, la precariedad, el desempleo, el confinamiento material).

La segunda cosa es que estas precariedades mundiales parecen persistir de todos modos (sentido de la Fuerza sobre el seis de oros) durante cierto tiempo, lo que significa que estas tendencias filantrópicas no surgirán desde el inicio del siglo (sentido de una Fuerza sobre realidades bien ancladas). Sin embargo, las limitaciones austeras del seis de oros se transforman a continuación en aperturas más humanas, afectivas y protectoras (siete de copas) como si este clima riguroso y materialista (la Fuerza sobre oros) se diluyera en favor de un humanismo (copas) dirigido por el altruismo (sentido del siete de copas) y la generosidad afectiva recíproca (siete de copas). Esta tirada espontánea, virgen por lo tanto de intenciones o de autosugestiones, muestra perfectamente el inicio de un despertar esencialmente fecundo en cuanto al respeto hacia los demás y no provocado por necesidades de crisis (seis = la crisis, dejando la precedencia al siete = la asociación).

Conclusión

Desde la pregunta personal práctica referente a la familia hasta la interrogación política global, el tarot intuitivo aporta aclaraciones juiciosas respecto al desarrollo futuro, tal como usted ha podido comprobar a lo largo de esta obra. Ahora le toca a usted perfeccionar el método con las particularidades todavía escondidas y tímidas de su intuición. Esta evolucionará gracias a la seguridad que le irán dando los resultados que encontrará en su camino, como un niño que da la mano a su madre para ir hacia lo desconocido. Este método de cartomancia es el único reactivo que puede desarrollar su intuición escondida: la química actúa, la voz describe y el destino cumple. Debe saber también que esta intuición, invitada por una vez al festín de la vida, activará reacciones interiores e ideas psicoterapéuticas saludables, lo que no significa que tenga necesidad de ello pero sí que su química psicológica alimentará evoluciones generadoras de bienestar. Su intuición, estimulada de esta forma, saldrá de la sombra, llevando de la mano a sus dos hijos: la creatividad y el amor.